CB079235

MULHER

Frau • Mujer • Femme • Woman

MORTE

Tod • Muerte • Mort • Death

DINHEIRO

Geld • Dinero • Argent • Money

NA SABEDORIA POPULAR

Im Sprichwort • en la sabiduría popular • dans les proverbes • in saying

Martha Steinberg (inglês) [coord.]
Anna Sanchez (espanhol)
Eva Glenk (alemão)
Regina Rocha (francês)

MULHER

Frau • Mujer • Femme • Woman

MORTE

Tod • Muerte • Mort • Death

DINHEIRO

Geld • Dinero • Argent • Money

NA SABEDORIA POPULAR

im Sprichwort • en la sabiduría popular • dans les proverbes • in saying

DISAL
EDITORA

© 2005 Martha Steinberg, Anna Sanchez, Eva Glenck e Regina Rocha

Coordenação editorial
Paulo Nascimento Verano

Preparação
José Roberto Minei

Capa e projeto gráfico
Paula Astiz

Editoração eletrônica
Cristiane Gaion / Paula Astiz Design

Dados Internacionais de Catalogação na Publicação (CIP)
(Câmara Brasileira do Livro, SP, Brasil)

Mulher, morte, dinheiro na sabedoria popular / Martha Steinberg (inglês) (coord.); Eva Glenk (alemão), Anna Sanchez (espanhol), Regina Rocha (francês), [compiladoras e tradutoras]. — São Paulo: Disal, 2005.

ISBN 85-89533-30-1

1. Provérbios — Coletâneas I. Steinberg, Martha. II. Glenk, Eva. III. Sanchez, Anna. IV. Rocha, Regina.

05-4363 CDD-398.9

Índices para catálogo sistemático:

1. Provérbios: Coletâneas 398.9

DISAL EDITORA

Todos os direitos reservados em nome de: Bantim, Canato e Guazzelli Editora Ltda.

Rua Major Sertório, 771, cj. 1, Vila Buarque
01222-001, São Paulo, SP
Tel./Fax: (11) 3237-0070

Visite nosso site: www.disaleditora.com.br

Vendas:
Televendas: (11) 3226-3111
Fax gratuito: 0800 7707 105/106
E-mail para pedidos: comercialdisal@disal.com.br

Nenhuma parte desta publicação pode ser reproduzida, arquivada nem transmitida de nenhuma forma ou meio sem permissão expressa e escrita da Editora.

Dedicado à professora Regina Rocha
(in memoriam)

Sumário

Introdução

Provérbios são uma expressão da sabedoria popular, refletindo a cultura de um povo. Presentes na Bíblia, na literatura, em prosa ou poesia, na política, na música popular, na oratória, no falar do dia-a-dia, eles são um instrumento de comunicação. De tão populares, os provérbios são freqüentemente parodiados. A publicidade e a política fazem amplo uso desse estratagema. Podemos citar o nosso "Quem vê cara não vê coração", que deu origem a "Quem vê cara não vê corrupção".

Quem já não se serviu deles para ilustrar um exemplo, advertir, aconselhar, justificar, ou ainda explicar um acontecido? Eles ainda ajudam a resolver um conflito, uma contradição e agem como desculpa, cortesia, produzem bom humor. Sabedoria popular, o provérbio pode também ser citação literária. O provérbio literário é mais espirituoso, mais rebuscado, mais polido, menos idiomático. O mesmo provérbio que na Bíblia ocorre como "*To everything there is a season, and a time to every purpose under the sun*" ("Tudo tem o seu tempo determinado, e há tempo para todo o propósito debaixo do céu" [Eclesiastes 3:1]), em Shakespeare tem a versão "*There is a time for all things*". Popularmente, o mesmo provérbio ocorre como "*There is a time for everything,* que vem a ser o nosso "Tem hora para tudo", ou "Tudo acontece na hora certa". Shakespeare já foi citado como fonte de clichês. Na verdade, o Bardo criou expressões que se tornaram proverbiais: "*Brevity is the soul of wit*" ("A concisão é a alma do chiste"), "*The apparel oft proclaims the man*" ("O hábito faz o monge").

O subconsciente coletivo dos povos está dormente nas estruturas profundas da língua, que, ao se manifestarem nas estruturas de superfície, assumem formas diferentes para transmitir a mesma mensagem. Tomemos o conhecido "colocar o carro diante dos bois". Em inglês dizemos "*Don't put the cart before the horse*". Se vamos traduzir literalmente, temos que respeitar o léxico, portanto **cavalo** e não **boi**. Nesse caso, perdemos o traço cultural. Isso acontece não apenas com línguas diferentes, como no exemplo citado, mas também em variantes de um mesmo idioma. Para os ingleses, "*A bird in the hand is worth two in the* *bush*" tem o equivalente "*A trout in the pot is better than a salmon in the sea*" dos irlandeses e o nosso "Mais vale um pássaro na mão que dois voando". A forma difere quanto ao léxico, mas a mensagem é a mesma, e o emprego também.

Mas pode também acontecer de a forma ser a mesma, mas o significado ser diferente. É o caso de "*A rolling stone gathers no moss*" ("Pedra que rola não cria limo"). Para os ingleses as pedras de um riacho raramente se movem e criam limo, fato que é interpretado como acúmulo de riqueza, prosperidade. Já para os escoceses, a pedra a que se referem é de forma cilíndrica e de uso industrial. Se ficar parada cria limo, portanto limo é sinal de prejuízo.

O mesmo tema pode ser visto pelos provérbios de maneira positiva ou negativa. Uma pessoa velha demais para aprender é mencionada como "*You cannot teach an old dog new tricks*" ("Papagaio velho não aprende a falar"). Mas, para encorajar um idoso a aprender alguma coisa, dizemos "*One is never too old to learn*" ("Nunca é tarde para aprender").

Comparar provérbios de diferentes línguas descortina todo um panorama de afinidades e diferenças culturais dos povos que neles se expressam. Fazendo parte de toda sorte de textos, é de interesse fundamental para o tradutor. Seu aspecto metafórico faz com que, tal como com as expressões idiomáticas, eles requeiram todo o tipo de estratégias tradutórias ao serem transpostos para outra língua. Por exemplo, nem sempre é possível manter a rima, quando ela existe. É preciso também distinguir um provérbio de uma frase proverbial. "Querer a lua" é uma frase proverbial. "Não adianta querer a lua" é um provérbio, pois contém um conselho, uma advertência.

Enquanto o provérbio é um discurso encerrado, pronto, a expressão idiomática é uma frase que se insere num discurso. Diríamos então que é discurso ou texto dependendo da maneira como se manifesta, se oral ou se graficamente. É um texto sem direitos autorais, de domínio público. Todos se apoderam desse texto ou discurso para inseri-lo no seu próprio. É por isso que muitas vezes, ao fazer uso de um provérbio, este é antecedido de "como já dizia minha avó", "antigamente", "na minha terra".

Como qualquer outro texto, o provérbio é passível de ser analisado quanto à sua forma e ao seu conteúdo, além de ser possível classificá-lo quanto às suas origens, seus temas.

Quanto à forma de discurso encerrado, o provérbio se assemelha ao verso, por fazer uso de artifícios de linguagem, como aliteração (*"**Live** and **learn**"* ["Viva e aprenda"]); assonância (*"A **rolling** stone gathers **no moss**"* ["Pedra que rola não cria limbo"]); paralelismo (*"**Out of** sight, **out of** mind"* ["O que os olhos não vêem o coração não sente" / "Longe dos olhos, perto do coração"]); repetição (*"There's no **fool** like an old **fool**"* ["Não há bobo como um bobo velho"]); rima (*"Man pro**poses**, God dis**poses**"* ["O homem põe, Deus dispõe"]); paronomásia (*"Many a **little** makes a **mickle**"* ["De pouco em pouco se faz muito"]); elipse (*"For want of a nail..."* ["Por falta de um prego..."]).

A sintaxe se caracteriza pelo uso de condicionais (*"If the cap fits, wear it"* ["Se a carapuça serve, enfie"]) e dos imperativos (*"Do as I say, not as I do"* ["Faça como eu digo, não como eu faço"]).

A estrutura é binária, quando precedido de *"as they say"*, *"as the old saying goes"*.

A concisão, eliminando elementos facilmente subentendidos, está sempre presente para facilitar a memorização (*"As the tree, so the fruit"* ["Pelo fruto se conhece a árvore"]).

Quanto ao conteúdo, seu aspecto semântico, o provérbio contém uma constatação de fato (*"Health is better than wealth"* ["Saúde é a melhor riqueza"]); uma advertência (*"He that sings on Friday will weep on Sunday"* ["Quem ri na sexta chora no domingo"]); um conselho (*"Don't changes horses midstream"* ["Não se muda de cavalo no meio do banhado"]).

Os tipos de provérbios imbricam com o aspecto semântico na medida em que registram um fato baseado na experiência (*"He who has been bitten by a serpent is afraid of a rope"* ["Quem foi picado por cobra não pode ver corda"]); são metafóricos (*"A stitch in time saves nine"* ["É melhor prevenir que remediar"]). O provérbio pode ser: parodiado (*"A company is known by the people it keeps"*, plagiado de *"People are known by the company they keep"* ["Diz-me com quem andas, e direi quem és"]); aludido ou referido, quando não citado diretamente (*"It is true that we are obliged to sup with the Devil and not always with a very long spoon"*, alusão a *"He who sups with the devil needs along spoon"* ["Quem janta com o Diabo precisa de uma colher bem longa"]); aparentemente contraditórios (*"Look before you leap. He who hesitates is lost"* ["Olhe antes de pular. Quem hesita está perdido"]).

O provérbio se manifesta não só oral e graficamente, isto é, na literatura e nos vários meios de comunicação escrita – jornais, revistas, livros, propaganda, em prosa e poesia –, mas até por meio de tambores. Para tal, é empregado um tambor especial, o *dundun* entre os iorubás da Nigéria. Esse povo utiliza provérbios na linguagem de tambores, em cerimônias como funerais, casamentos, investidura de um chefe, ou para dar nome a uma criança (Arewa & Dundes, *American Anthropologist*, vol. 66, n. 6, 1964, "Proverbs and the Ethnography of Speaking Folklore").

Enfim, o provérbio é parte integrante de nossa comunicação nas mais variadas circunstâncias. Saber como a mesma metáfora se manifesta em outras línguas é entretenimento gratificante e cultural. Para o tradutor é essencial.

Nos temas estudados – mulher, morte e dinheiro –, o que o registro dessa sabedoria nos revela através de conselhos e advertências é a maneira de cada povo expressar aspectos de sua cultura, de sua maneira de lidar com os três temas em pauta.

Uma coletânea de provérbios em alemão, espanhol, francês e inglês, com as respectivas equivalências e/ou traduções para o português, e também em língua portuguesa do Brasil, é uma fonte rica para a interpretação da alma dos povos falantes dessas línguas. Os temas lhes são comuns, mas mesmo quando há equivalência semântica nos provérbios as imagens nem sempre coincidem exatamente, por causa das divergências ambientais e culturais. É possível até, em alguns casos, dizer que há uma diferença de tratamento relacionada com o fato de a cultura ser anglo-germânica ou latina.

A classificação de provérbios é uma tarefa árdua e nem sempre satisfatória, devido ao seu elevado número e às mais diversas circunstâncias em que podem ocorrer ou se originar.

Nosso projeto arrola muitos provérbios, faz uma tradução e aponta muitas equivalências existentes, porém não todas. Cada tema é também apresentado quanto aos diversos aspectos positivos ou negativos. Assim, o dinheiro pode ser bom ou vil, a mulher pode ser uma tagarela, vaidosa, preguiçosa, ou ainda, raramente, uma santa. Depende dos olhos culturais e das circunstâncias de seu emprego. A morte pode ser vista como descanso das lides terrenas, ou ainda pode escarnecer de suas vítimas. O equivalente de um provérbio pode estar em um subtema diferente, pois depende da ótica de cada povo, ou ainda porque o mesmo provérbio pode muitas vezes ser empregado em situações diferentes, portanto estar localizado sob título diferente nas línguas apresentadas.

Os provérbios a seguir estão arrolados pela ordem alfabética das línguas: alemão, espanhol, francês, inglês e português do Brasil – este de organização conjunta das autoras.

Martha Steinberg

FRAU

MUJER

FEMME

WOMAN

MULHER

VISÕES SOBRE A MULHER

Os provérbios que têm a mulher como tema, poderíamos até dizer que têm a mulher como alvo, não poupam maneiras de denegri-la. Atitude paradoxal, pois poetas, pintores, músicos, escultores têm nela sua musa inspiradora, venerada no símbolo da Virgem Mãe. Na sabedoria popular, expressa pelos provérbios, ela é desobediente, maldosa, perigosa, fingida, tagarela, chorona, obstinada, falsa, vaidosa, preguiçosa, voluntariosa, gananciosa, perdulária, inconstante, sem inteligência, inferior ao homem, imperfeita, leviana, calculista como constatamos nas línguas abordadas. Comparada ao homem, leva sempre a pior. As característics físicas e morais que ela compartilha com o homem, quando negativas, são-lhe atribuídas com exclusividade. Se alguma coisa não está bem, a culpada é sempre a mulher. *Cherchez la femme* é entendido em qualquer língua ocidental. Se lembrarmos que a voz do povo é a voz de Deus...

EM LÍNGUA ALEMÃ

ASTUTA

Weiberlist geht über Teufelslist.
(Astúcia de mulher supera astúcia do Diabo.)

Weiberlist, nichts drüber ist!
(Astúcia de mulher, nada acima dela!)

Das Weib ist ein Geschwinddoktor; sie hat eine List erfunden, so oft sie auf die Erde sieht.
(A mulher é um médico rápido; ela acaba de inventar uma manha, cada vez que olha para o chão.)

BELA, MAS...

Es ist leichter wider den Satan streiten, als wider ein schönes Weib.
(Mais fácil lutar contra o Diabo do que contra uma mulher bonita.)

Schöne Weiber sind Irrwische, verführen bei hellem Tag.
(Mulheres bonitas são como fogos fátuos, seduzem à plena luz do dia.)

Der Weiber Schmuck ist des Teufels Zuggarn.
(Os enfeites das mulheres são a isca do Diabo.)

Schön Weib, viel Stolz.
(Mulher bonita, muito orgulho.)

Feuer brennt in der Nähe, ein schönes Weib nah und fern.
(O fogo queima quem está perto; uma mulher bonita quem está perto ou longe.)

Weiberschönheit, das Echo im Wald und Regenbogen vergehen bald.
(A beleza das mulheres, o eco da floresta e o arco-íris passam logo.)

Frauen und Äpfel sind außen schön, inwendig aber wurmstichig.
(Mulheres e maçãs são bonitas por fora, mas por dentro estão podres.)

BURRA

Weiber haben langes Haar und kurzen Sinn.
(Mulheres têm cabelos compridos e juízo curto.)

Weiberreden, armes Reden.
(Fala de mulher, fala pobre.)

Frauenrat und Rübensaat gerät alle sieben Jahre.
(Conselho de mulher e plantação de nabo só vingam a cada sete anos.)

Den Frauen ist das Beste zu schlecht und das Schlechteste gut genug.
(Para as mulheres, o melhor é ruim demais e o pior é bastante bom.)

CALCULISTA

Frauengunst war nie umsunst.
(Favor de mulher nunca foi gratuito.)

Es nimmt kein Weib einen alten Mann um Gottes willen.
(Nenhuma mulher se casa com um velho pelo amor de Deus.)

CONSELHOS PARA OS HOMENS

Weiber, Glück und Gold sind allen Narren hold.
(Mulheres, felicidade e ouro favorecem os tolos.)

Weibern und Geschossen soll niemand trauen.
(Não confie em mulheres nem em projéteis.)

Beileibe, trau keinem Weibe, obgleich sie tot ist.
(Não confie nem em mulher morta.)

Nimm ein Weib um das, was sie hat, einen Freund um das, was er tut, und eine Ware um das, was sie gilt.
(Case-se com uma mulher pelo que ela tem, faça um amigo pelo que ele faz e compre uma mercadoria pelo que ela vale.)

Willst du eine Frau nehmen, so zieh' die Ohren mehr als die Augen zu Rat.
(Se você quiser casar-se, consulte mais os ouvidos do que os olhos.)

Wem zu wohl ist, der nehm' ein Weib.
(Quem se sentir bem demais, que se case.)

Es soll keiner ein Weib nehmen, er könne denn drei ernähren.
(Ninguém deve se casar a não ser que possa sustentar três.)

Wer nichts zu zanken hat, der nehm ein Weib.
(Quem não tiver ninguém para brigar, que se case!)

Es ist besser ein Weib begraben, denn zur Kirche führen.
(Melhor enterrar uma mulher do que levá-la para a igreja.)

Guter Mut ist halber Leib; hüte dich und nimm kein Weib!
(Bom humor é metade do corpo; tome cuidado, não se case!)

Es nimnt keiner ein Weib, er sei denn unsinnig.
(Ninguém se case a não ser que seja louco.)

Weiber nehmen ist kein Pferdehandel.
(Casar não é comprar cavalos.)

Wer sich von einem bösen Weibe scheidet, macht eine gute Tagereise.
(Quem se separa de uma mulher má faz uma boa jornada.)

Freie die Witwe, dieweil sie noch trauert.
(Pede a viúva em casamento enquanto ela ainda está de luto.)

Willst du gern die Tochter han, sieh vorher die Mutter an.
(Se você quiser ter a filha, olhe antes a mãe.)

Kluge Männer suchen wirtliche Frauen.
(Homens espertos procuram mulheres que saibam administrar.)

Wenn die Frauen gut gehen und die Kühe gut stehen, kann der Mann reich werden.
(Quando as mulheres vão bem e as vacas também, o homem pode ficar rico.)

Eine zornige Frau, ein Kamin voll Rauch und eine löchrige Pfanne sind schädlich im Haus.
(Uma mulher irada, uma lareira cheia de fumaça e uma panela furada são nocivas para a casa.)

Der Mann wird reich, dem die Frauen übel geraten, und die Immen wohl.
(O homem cujas mulheres são más e cujas abelhas são boas ficará rico.)

Nährt das Weib den Mann, so muss er ihr Spielball sein.
(Se a mulher sustenta o homem, ele se torna seu joguete.)

Wer Weib und Kind hat, darf nicht um Arbeit sorgen.
(A quem tem mulher e filhos não faltará trabalho.)

Es ist der beste Hausrat, der ein fromm Weib hat.
(Onde há uma mulher devota, a casa é a melhor.)

Fromm Weib, des Lebens Heil, man findet's aber selten feil.
(Mulher devota, salvação da vida, raramente pode ser encontrada.)

Eine fleißige Hausfrau ist die beste Sparbüchse.
(Uma dona-de-casa zelosa é o melhor mealheiro.)

Das Weib und der Ofen sind eine Hauszierde.
(A mulher e o fogão são os ornamentos da casa.)

Es ist schlimmer, ein Weib zu reizen, als einen bissigen Hund.
(É pior irritar uma mulher do que um cachorro bravo.)

Ein Sack voll Flöhe ist leichter zu hüten als ein Weib.
(Mais fácil vigiar um saco de pulgas do que uma mulher.)

Ein Weib, ein Esel, eine Nuss, diese drei man klopfen muss.
(Uma mulher, um burro, uma noz, os três precisam ser batidos.)

Dem Mann ist es keine Ehre, eine Frau zu schlagen.
(Não é uma honra para o homem bater numa mulher.)

Wer sein Weib einmal schlägt, schlägt es mehrmals.
(Quem bate uma vez na sua mulher, bate várias vezes.)

Weiber schlagen gibt schlechte Ehre.
(Bater em mulheres traz desonra.)

Am Weibe schlägt der Mann seine Schande.
(Batendo na mulher, o homem bate na sua vergonha.)

Wer sein Weib schlägt, schlägt mit der rechten Hand seine linke.
(Quem bate na sua mulher, bate com a mão direita a sua esquerda.)

Wer sein Weib schlägt, macht sich drei Fasttage und ihr drei Festtage.
(Quem bate na sua mulher apronta para si três dias de jejum e, para ela, três dias de festa.)

Wer sein Weib schlägt jagt einen Teufel hinaus und zehn hinein.
(Quem bate em sua mulher, expulsa um diabo e convida dez outros.)

Eine Jungfrau schwächen, ist wie eine Kirch' erbrechen.
(Seduzir uma virgem é como arrombar uma igreja.)

Die Jungfernschaft ist ehrenwert, doch nimm vorlieb, was Gott beschert.
(A virgindade é honrada, mas aceite o que Deus dá.)

Eine Jungfer, wie du willst, eine Witwe, wie sie will.
(Uma virgem, como você quer; uma viúva, como ela quer.)

Versagen ist der Weiber Sitte, doch wollen sie, dass man sie bitte.
(Negar é o costume das mulheres, mas elas querem ser solicitadas.)

Bitt ein Weib, du verlierst nichts dran.
(Peça a uma mulher, você não perde nada.)

Frauen und Jungfrauen soll man loben, es sei wahr oder erlogen.
(Mulheres e virgens devem ser elogiadas, seja verdade ou mentira.)

Friss Dreck und sch- Gold, so werden dir die Mädchen hold.
(Coma m* e c* ouro, assim você cairá nas graças das moças.)

Mädchen, die pfeifen, und Hühnern, die krähen, soll man beizeiten den Hals umdrehen.
(Moças que assobiam e galinhas que cantam têm de ser mortas a tempo.)

Auf der Frauen Weinen und der Krämer Schwören muss ein kluger Mann nicht hören.
(Um homem esperto não acredita nem no choro das mulheres nem nos juramentos dos vendedores.)

Der Frauen erste Rat ist der beste.
(O primeiro conselho das mulheres é o melhor.)

Eine bärtige Frau soll man von ferne grüßen.
(Uma mulher barbuda se deve saudar de longe.)

Eine Frau ist leicht zu überreden.
(Uma mulher pode ser facilmente convencida.)

Weiber nehmen gern Drescher für Tröster.
(Mulheres gostam de tomar espancadores por consoladores.)

FALSA

Zwischen eines Weibes Ja und Nein lässt sich keine Nadelspitze stecken.
(Entre o "sim" e o "não" de uma mulher não cabe nem sequer a ponta de uma agulha.)

Weiber sind Katzen mit glatten Bälgen und scharfen Tatzen.
(Mulheres são gatas de pêlo liso e unhas afiadas.)

Es ist nicht mehr Betrug als an den Frauenleuten.
(Não há mais traições do que entre mulheres.)

Die Weiber haben drei Häute.
(As mulheres têm três peles.)

Weiber sind unrichtige Uhren.
(Mulheres são relógios imprecisos.)

Brunst, Flut und Weibertücke gehn über alle Stücke.
(Paixão, enchente e perfídia de mulher ultrapassam tudo.)

Bevor die Mädchen flügge, sind sie voller Tücke.
(Antes de serem casadeiras, as meninas são cheias de perfídia.)

Eine Frau sitzt nicht auf Eid und Pflicht.
(Uma mulher não teima em juramento e dever.)

Der Weiber Weinen ist heimlich Lachen.
(O choro das mulheres é riso secreto.)

Die Frauen haben Tränen genug: sie weinen vor Schmerz, aus Sehnsucht und Betrug.
(As mulheres têm bastante lágrimas: elas choram de dor, de saudades e por traição.)

Mädchen sagen Nein und tun es doch.
(Moças dizem "não", fazem "sim".)

FEIA

Mein letzter Wille: 'ne Frau mit Brille.
(Meu último desejo: uma mulher de óculos.)

Wenn man von einer geistreichen Frau spricht, so denkt man an eine hässliche.
(Quando se fala de uma mulher espirituosa, imagina-se uma feiosa.)

FRÁGIL

Frauen und Hühner verlieren sich bald auf der Strasse.
(Mulheres e galinhas perdem-se logo na rua.)

Jungfern und Gläser schweben in steter Gefahr.
(Virgens e copos estão permanentemente em perigo.)

Eine Frau mag ihre Ehre wohl kränken.
(Uma mulher pode facilmente ofender sua honra.)

Ein Mädchen bekommt so leicht ein Leck, als ein weisses Kleid einen Fleck.
(Uma moça fica tão facilmente maculada quanto um vestido branco, manchado.)

IGUAL AO HOMEM

Ist der Mann unvorsichtig, und die Frau eine Törin, so geht alles den Krebsgang.
(Se o homem é imprudente e a mulher, uma tola, tudo vai para trás.)

Der Mann zerbricht die Häfen, die Frau die Schüsseln.
(O homem quebra os potes, a mulher as tigelas.)

IMPACIENTE E DESOBEDIENTE

Gehorsam und Geduld wachsen nicht im Weibergarten.
(Obediência e paciência não crescem no jardim das mulheres.)

Das beste Weib schilt seines Mannes Hut.
(A melhor mulher se queixa da custódia de seu marido.)

IMPERFEITA

An einer Frau und einer Mühle gibt es immer was zu flicken.
(Numa mulher e num moinho, sempre há algo a consertar.)

INCONSTANTE

Weiber sind veränderlich wie Aprilwetter.
(As mulheres são instáveis como o tempo de abril.)

Weiber, Wind und Glück sind immer veränderlich.
(Mulheres, vento e sorte sempre são instáveis.)

Jungfernlieb ist fahrende Hab, heute lieb, morgen schabab.
(Amor de virgem é inconstante, hoje querido, amanhã esquecido.)

Frauen sind Wetterfahnen.
(Mulheres são cata-ventos.)

INDOMÁVEL

Weiber hüten ist vergebliche Arbeit.
(Vigiar mulheres é trabalho inútil.)

Wer Frauen hütet, wütet.
(Quem vigia mulheres acaba irritado.)

Ich bin der Herr, sagte der Mann, da saß er unterm Tische.
(Eu sou o senhor, disse o homem, disse isso debaixo da mesa.)

Wo die Frau im Haus regiert, ist der Teufel Hausknecht.
(Na casa onde governa a mulher, o Diabo é servo.)

INFERIOR AO HOMEM

Ein Mann wiegt zehn Weiber auf.
(Um homem contrabalança dez mulheres.)

Die Männer beim Schmause, die Weiber zu Hause.
(Os homens na festa, as mulheres em casa.)

Mann ohne Weib, Haupt ohne Leib.
(Homem sem mulher, cabeça sem corpo.)

Der Männer Ehre ist auch der Frauen Ehre, der Frauen Schand ist auch der Männer Schand.
(A honra dos homens é também a honra das mulheres, a vergonha das mulheres é também a vergonha dos homens.)

Das Weib fragt, der Mann sagt.
(A mulher pergunta, o homem afirma.)

Männer sollen reden, Frauen schweigen.
(Aos homens cabe falar; às mulheres, calar.)

Der Mann gehört in den Rat, die Frau ins Bad.
(Lugar de homem é no Conselho; de mulher, é no banheiro.)

Ein Mann kann sich eher zu Tode grämen als eine Frau.
(É mais provável que um homem, e não uma mulher, se desgoste até à morte.)

Wo Weiber regieren, steigen die Stühle auf die Bänke.
(Onde as mulheres dominam, as cadeiras sobem nos bancos.)

Weiberregiment nimmt selten ein gut End.
(Domínio de mulheres raramente acaba bem.)

IRRITÁVEL

Zwei Frauen in einem Haus sind ihrer drei zuviel.
(Duas mulheres numa casa, são as três demais.)

LEVIANA

Eine Witwe ist ein niedriger Zaun, worüber alles springt.
(Uma viúva é uma cerca baixa que todo mundo pula.)

Wenn sich die Jungfer auf's Küssen legt, so legt sie sich auf's Kissen.
(Quando uma virgem está pronta para o beijo, está pronta também para o leito.)

Wenn eine Jungfer fällt, so fällt sie auf den Rücken.
(Quando uma virgem cai, ela cai de costas.)

Wird die Frau zur Bübin, so erfährt es der Mann am letzten.
(Quando a mulher se torna vil, o homem é o último a saber.)

Weiberlieb und Herrengunst sind nicht mehr als blauer Dunst.
(Amor de mulher e favor de senhor não passa de fantasmagoria.)

Die Jungfer gibt's billig und willig.
(A virgem dá-o barato e de boa vontade.)

MÁ

Es gibt nur ein böses Weib; aber jeder meint, er hätt' es.
(Só existe mulher má; mas cada homem acha que é a sua.)

Wer ein böses Weib hat, braucht keinen Teufel.
(Quem tem mulher má não precisa do Diabo.)

Gilt die Bosheit etwas, so ist ein Weib teurer als zehn Männer.
(Se maldade valesse algo, uma mulher custaria mais caro do que dez homens.)

Wen der Teufel ärgern will, schickt er böse Weiber ins Haus.
(O Diabo manda mulheres más à casa de quem ele quer irritar.)

Ein bös Weib ist der Schiffbruch des Mannes.
(Uma mulher má é o naufrágio do homem.)

Bösem Weibe kann niemand steuern.
(Ninguém pode contrariar uma mulher má.)

Was ein bös Weib bei sich selbst bedenkt, ist henkenswert.
(O que uma mulher má pensa consigo mesma merece a forca.)

In bösen Räten ist das Weib des Mannes Männin.
(Em conselhos maus, a mulher supera o homem.)

Es gibt nur zwei gute Weiber auf der Welt: die eine ist gestorben, die andere nicht zu finden.
(Existem somente duas mulheres boas neste mundo: uma está morta e a outra não pode ser encontrada.)

Es sind nur drei gute Weiber gewesen: die eine ist aus der Welt geloffen, die andere ist im Bad ersoffen, die dritte sucht man noch.
(Existiam somente três mulheres boas: uma saiu do mundo, a outra se afogou no banho e a terceira ainda não foi encontrada.)

Mit einem bösen Weibe finge man den Teufel im Feld.
(Com uma mulher má capturava-se o Diabo no campo.)

Die Frau, das Feuer und das Meer sind drei Übel schwer.
(A mulher, o fogo e o mar são três grandes males.)

MEDROSA

Die Weiber sind furchtsam und rufen bald St. Peter zu: Steck ein dein Schwert.
(As mulheres são medrosas e dizem logo a São Pedro: Embainha a tua espada.)

Frauen haben lange Kleider und kurzen Mut.
(Mulheres têm roupa comprida, mas coragem curta.)

Wo Weiber und Hasen zu Felde blasen, da geht es ab mit langen Nasen.
(Quando as mulheres e coelhos tocam a sineta de guerra, dá tudo em nada.)

MOROSA

Die Weiber werden niemals fertig.
(As mulheres nunca estão prontas.)

Auf eine Frau muss man immer eine Stunde warten.
(Por uma mulher é sempre preciso esperar uma hora.)

PERDULÁRIA

Wenn der Mann einlöffelt und die Frau ausscheffelt, muss die Wirtschaft zugrunde gehen.
(Quando o homem traz às colheradas e a mulher gasta a granel, a economia tem que perecer.)

Eine Frau kann mit dem Fingerhut mehr verschütten, als der Mann mit dem Eimer schöpfen kann.
(Uma mulher consegue jogar fora mais com o dedal do que o homem pode tirar com um balde.)

Die Frau kann mit der Schürze mehr aus dem Haus tragen, als der Mann mit dem Erntewagen einfährt.
(A mulher pode levar embora mais no avental do que o homem traz da colheita com a carroça.)

Sechsmal sechs ist sechunddreißig, ist der Mann auch noch so fleißig, und die Frau ist liederlich, geht die Wirtschaft hinter sich.
(Seis vezes seis são trinta e seis: se o homem trabalha sem preguiça, mas a mulher desperdiça, a economia enguiça.)

Der Mann kann nicht soviel zum Tor hineinbringen, als die Frau zum Hinterpförtchen heraustragen.
(O homem não pode trazer tanto portão adentro quanto a mulher consegue levar para fora pela porta da cozinha.)

PERIGOSA

Weiber sind des Teufels Kloben, darin er fängt, was aufsitzt.
(As mulheres são o forcado do Diabo, com o qual ele captura quem nele monta.)

Wenn die Weiber waschen und backen, haben sie den Teufel im Nacken.
(Quando as mulheres lavam e cozinham, parecem possuídas pelo Diabo.)

Wo eine Frau, macht's den Mann grau.
(Onde há uma mulher o homem fica de cabelos brancos.)

Frauenart greift dem Mann an den Bart.
(Os modos das mulheres perturbam os homens.)

Weiberrache hat keine Grenzen.
(Vingança de mulher não tem limite.)

Weiber, Wein und Würfelspiel, Verderben machen, wer's merken will.
(Mulheres, vinho e jogo trazem a perdição para quem quiser ouvir.)

Kein Mann ohne Wolfszahn, kein Ross ohne Tücke, kein Weib ohne Teufel.
(Não há homem sem dente de lobo, nem cavalo sem perfídia, nem mulher sem Diabo.)

PODEROSA

Frauen und Geld regieren die Welt.
(Mulheres e dinheiro governam o mundo.)

Auf Weiber und Gewinn steht aller Welt der Sinn.
(Todo mundo procura mulheres e lucro.)

Wenn Mädchen bitten, so gewähren die Männer.
(Quando as moças pedem, os homens cedem.)

Die Frau kann alles, was sie will.
(A mulher pode tudo o que ela quer.)

Der Mann ist das Haupt, die Frau sein Hut.
(O homem é a cabeça, a mulher seu chapéu.)

PREGUIÇOSA

Ein Haus darin zwei Frauen sind, wird nicht rein gefegt.
(Uma casa na qual moram duas mulheres não é varrida.)

SABIDA

Eine Frau, die lateinisch spricht, ein Kind, das mit Wein erzogen ist und die Sonne, die am Morgen scheint, nehmen kein gutes End.
(Uma mulher que fala latim, uma criança criada com vinho e o Sol que brilha de manhã acabarão mal.)

Eine gelehrte Frau und eine versalzene Suppe sind beide ungenießbar.
(Uma mulher douta e uma sopa muito salgada são intragáveis.)

TAGARELA

Drei Frauen, drei Gänse und drei Frösche machen einen Jahmarkt.
(Três mulheres, três gansos e três sapos fazem uma quermesse.)

Es ist beim Weibe verschlossen wie Wasser in ein Sieb gegossen.
(Deixar um segredo guardado com uma mulher é como colocar água numa peneira.)

Ein Weib verschweigt, was sie nicht weiß.
(Uma mulher somente guarda segredo do que não sabe.)

Wenn zwei Frauen zusammenkommen, wird die dritte in die Hechel genommen.
(Onde duas mulheres se encontram, fala-se de uma terceira.)

Bei Weibern ist des Schwatzens hohe Schule.
(As mulheres são mestres do falatório.)

Weiber findet man nimmer ohne Rede.
(Não se encontram mulheres sem fala.)

Der Frauen Zunge geht wie ein Lämmerschwänzchen.
(A língua das mulheres mexe como o rabo das ovelhas.)

VAIDOSA

Jedes Weib will lieber schön als fromm sein.
(Toda mulher prefere ser bela a ser devota.)

Ist die Frau vorm Spiegel, so vergisst sie den Tiegel.
(Diante do espelho a mulher esquece a panela.)

Wenn man den Frauen von ihrer Schönheit nur einmal sagt, glauben sie ewig daran.
(Diga uma vez a uma mulher que ela é bela e ela acreditará nisso eternamente.)

Frauen wollen immer das letzte Wort haben.
(As mulheres sempre têm de ter a última palavra.)

EM LÍNGUA ESPANHOLA

ASTUTA

Antes que Dios se hiciese hombre, el diablo se había hecho mujer.
(Antes que Deus se fizesse homem, o Diabo se havia feito mulher.)

Lo que el diablo no puede, la mujer lo hace fácilmente.
(O que o Diabo não pode, a mulher o faz facilmente.)

En lo que el diablo no sabe hacer, pide consejo a la mujer.
(Naquilo que o Diabo não sabe fazer, pede conselho à mulher.)

Algunas son ángeles en el templo y en la casa diablos sueltos.
(Algumas são anjos no templo e, em casa, diabos soltos.)

La mujer y la raposa, astutas y engañosas.
(A mulher e a raposa, astutas e enganosas.)

La mujer muy tapada esconderse quiere.
(A mulher muito tapada esconder-se quer.)

BELA

Nem a beleza salva a mulher, pois este atributo físico é visto de maneira negativa:

La mujer hermosa, o loca o presuntuosa.
(Mulher formosa, ou louca ou presunçosa.)

Cuanto más hermosa, tanto más sospechosa.
(Quanto mais formosa, tanto mais suspeitosa.)

No hay hermosa sin tacha.
(Não há formosa sem mancha.)

Hermosura y castidad pocas veces juntas van.
(Formosura e castidade poucas vezes andam juntas.)

Mujer hermosa, mujer peligrosa.
(Mulher formosa, mulher perigosa.)

Mujer hermosa y arma de fuego, para mi no las quiero.
(Mulher formosa e arma de fogo, para mim não as quero.)

Fui hermosa mas no venturosa.
(Fui formosa mas não venturosa.)

Por fuera hermosa; mas por dentro es otra cosa.
(Por fora formosa, mas por dentro outra coisa. / Por fora bela viola, por dentro pão bolorento.)

Mui bonita enfada; algo fea hace gracia.
(Muito bonita, enfada; algo feia, graciosa.)

Mujer graciosa vale más que hermosa.
(Mulher graciosa vale mais que formosa.)

COMO LIDAR COM AS MULHERES

Tais conselhos obviamente são de autoria masculina:

A la mujer y a la gata no les lleves la contraria.
(A mulher e a gata não contraries.)

La mesa y la mujer sojuzgadas han de ser.
(A mesa e a mulher subjugadas hão de ser.)

En casa de tu enemigo, la mujer ten por amigo.
(Em casa de teu inimigo, tem a mulher por amigo.)

A *bofetón de mujer nada hay que hacer.*
(A bofetão de mulher nada há que fazer.)

A la mujer ventanera, tuércele el cuello si la quieres buena.
(À mulher janeleira, torce-lhe o pescoço se a queres boa.)

La mujer, bien tratada y sujetada.
(A mulher, bem tratada e sujeitada.)

A la mujer y la cabra, soga larga; pero no tan larga que se pierdan la mujer y la cabra.
(À mulher e à cabra, corda comprida; mas não tão comprida que se percam a mulher e a cabra.)

Mujer que no para en casa, cadena en el pie, y manos en la masa.
(Mulher que não pára em casa, cadeia no pé e mãos na massa.)

FALSA

La mujer y la mentira nacieron el mismo día.
(A mulher e a mentira nasceram no mesmo dia.)

Palabra de mujer no vale un alfiler.
(Palavra de mulher não vale um alfinete.)

La mujer y la castaña con su apariencia engañan.
(A mulher e a castanha com sua aparência enganam.)

La mujer estudió con el diablo, y mil veces lo ha engañado.
(A mulher estudou com o Diabo e mil vezes já o enganou.)

Donde mujeres andan no faltarán embustes ni trapazas.
(Onde mulheres andam não faltarão embustes nem trapaças.)

La mujer, cuanto más agrada, es cuando más engaña.
(A mulher, quanto mais agrada é quando mais engana.)

FALSA NO AMOR

De modo coerente com o perfil psicológico negativo da mulher que emana dos provérbios como os acima arrolados, o amor dela é também visto de modo pejorativo:

Quien pretende ser amado de mujeres coge aire con redes.
(Quem pretende ser amado por mulheres colhe ar com redes.)

Por "amo", "amas", no conjugan hoy las damas; proponles el "do ut des", y otra cosa es.
(Por "amo", "amas" não conjugam hoje as mulheres; propõe-lhes o "do ut des" [toma lá, dá cá], e outra coisa é.)

FEIA

Mujer fea que canta bien, buena de oír y mala de ver.
(Mulher feia que canta bem, boa de ouvir e ruim de ver.)

Mientras más la fea se compone, más fea se pone.
(Quanto mais a feia se compõe, mais feia se põe.)

FRÁGIL

La mujer y el vidrio siempre están en peligro.
(A mulher e o vidro estão sempre em perigo.)

Mujeres y vidrios son quebradizos.
(Mulheres e vidros são quebradiços.)

La mujer y el vidrio, siempre en un tris.
(A mulher e o vidro, sempre por um triz.)

Cordura no puede ser probar vidrio, espada ni mujer.
(Sensatez não pode ser provar vidro, espada nem mulher.)

La media y la mujer por un punto se suelen perder.
(A meia e a mulher por um ponto soem perder-se.)

IMPERFEITA

La mujer es animal imperfecto.
(A mulher é animal imperfeito.)

Quien halló mujer sin tacha haga una cruz en el agua.
(Quem achou mulher sem mancha, faça uma cruz na água.)

INCONSTANTE

Mujer, viento y ventura presto se mudan.
(Mulher, vento e ventura, depressa se mudam.)

Cada día se muda el viento, y la mujer a cada momento.
(Cada dia muda o vento, e a mulher a cada momento.)

INFERIOR AO HOMEM

Un hombre de plomo vale más que una mujer de oro.
(Um homem de chumbo vale mais que uma mulher de ouro.)

Dios se hizo hombre, y no mujer.
(Deus se fez homem e não mulher.)

Un hombre de diez maravedís vale más que una mujer de diez mil.
(Um homem de dez maravedis vale mais que uma mulher de dez mil.)

Manos de dama no sirven para nada; manos de oficial valen un caudal.
(Mãos de dama não servem para nada; mãos de oficial valem um caudal.)

INGRATA

Ley es de la mujer no agradecer.
(Lei de mulher é não agradecer.)

Mujer, fraile, rey y gato, cuatro ingratos.
(Mulher, frade, rei e gato, quatro ingratos.)

IRRITÁVEL

La mujer, cuando se irrita, muda de sexo.
(A mulher, quando se irrita, muda de sexo.)

Mujer gritadera no habrá un diablo que la quiera.
(Mulher gritadeira, não há diabo que queira.)

LÁGRIMAS

As lágrimas de mulher são:

FALSAS

En lágrimas de mujer no hay que creer.
(Em lágrimas de mulher não se deve acreditar.)

Llorando, engañó la mujer al diablo.
(Chorando, a mulher enganou o Diabo.)

Mujer que llora lo hace de engañadora.
(Mulher que chora o faz de enganadora.)

FREQÜENTES

Tan frecuente es la mujer llorar como el perro mear.
(Tão freqüente é a mulher chorar quanto o cachorro mijar.)

A toda hora el perro mea y la mujer llora.
(A toda hora o cachorro mija e a mulher chora.)

Reniego de señora que de todo llora.
(Renego senhora que de tudo chora.)

PASSAGEIRAS

Llanto de mujer y lluvia de verano pasan volando.
(Pranto de mulher e chuva de verão passam voando.)

Las lágrimas de las damas son agua en la fragua.
(As lágrimas das damas são água na frágua.)

Lagrimas de mujer lo que quieren no alcanzan y acaban.
(Lágrimas de mulher o que querem não alcançam e acabam.)

PERSUASIVAS

Lo que la mujer no consigue hablando, lo consigue llorando.
(O que a mulher não consegue falando, consegue chorando.)

Llorando, la mujer hace del hombre lo que quiere.
(Chorando, a mulher faz do homem o que quer.)

No hay tal poder como de unas lágrimas de mujer.
(Não há poder como o das lágrimas de mulher.)

LEVIANA

No hay cosa más liviana que la mujer.
(Não há coisa mais leviana que a mulher.)

Las mujeres corren delante de los ratones y detrás de los hombres.
(As mulheres correm dos ratos e atrás dos homens.)

Muchas hay catadas y pocas recatadas.
(Muitas há catadas e poucas recatadas.)

El molinero en el molino y la molinera con sus amigos.
(O moleiro no moinho e a moleira com seus amigos.)

No hay carga más pesada que la mujer liviana.
(Não há carga mais pesada que mulher leviana.)

MÁ

La mujer es buena por virtud y mala por naturaleza.
(A mulher é boa por virtude e má por natureza.)

Si una es buena, es por ventura; y si es mala, es de natura.
(Se uma é boa, é por ventura; se é má, é de natureza.)

Muchas hay muy buenas mujeres; es verdad: las que están enterradas.
(Há muitas mui boas mulheres: as que estão enterradas.)

Mujeres buenas, en todo el mundo dos docenas; mujeres malas, a millaradas.
(Mulheres boas, em todo mundo duas dezenas; mulheres más, aos milhares.)

Mujer buena, mosca blanca.
(Mulher boa, mosca branca.)

En mala mujer mucho mal suele caber.
(Em mulher má muito mal sói caber.)

La cara bonita y la intención maldita.
(A cara bonita, a intenção maldita.)

MELINDROSA

En mujeres, y ciegos y frailes, los mosquitos son elefantes.
(Em mulheres, cegos e frades, os mosquitos são elefantes.)

Al médico menos le dan que hacer diez hombres que una mujer.
(Ao médico menos lhe dão que fazer dez homens que uma mulher.)

PERIGOSA

La mujer es dulce veneno.
(A mulher é doce veneno.)

La mujer y el vino sacan al hombre de tino.
(A mulher e o vinho tiram o homem do juízo.)

Las mujeres hacen de los hombres lo que quieren.
(As mulheres fazem dos homens o que querem.)

Fuego, mujer y mar hacen a los hombres peligrar.
(Fogo, mulher e mar fazem os homens perigar.)

Mujeres y mala noches matan los hombres.
(Mulheres e más noites matam os homens.)

Con mujeres entrarás cuando quisieres y saldrás como pudieres.
(Com mulheres, entrarás quando quiseres e sairás como puderes.)

PODEROSA

La mujer y el oro lo pueden todo.
(A mulher e o ouro tudo podem.)

La mujer puede tanto que hace pecar a un santo.
(A mulher pode tanto que faz pecar um santo.)

Lo que la mujer quiere, Dios lo quiere.
(Deus quer o que a mulher quer.)

El hombre pone, Dios dispone y la mujer descompone.
(O homem põe, Deus dispõe e a mulher descompõe.)

PREGUIÇOSA

Mujer ociosa ante el espejo se pasa las horas.
(Mulher ociosa diante do espelho passa as horas.)

Dueña que mucho se mira, poco hila.
(Dona que muito se mira pouco fia.)

TAGARELA

El diablo no puede atar una lengua de mujer.
(O Diabo não pode atar uma língua de mulher.)

Mujer parlera, ruin hilandera.
(Mulher faladeira, ruim fiandeira.)

Mujer, niño y loco no guardan el secreto de otro.
(Mulher, menino e louco não guardam segredo de outro.)

Secreto dicho a mujer, secreto deja de ser.
(Segredo dito a mulher, segredo deixa de ser.)

La víbora y la mujer tienen la ponzoña en la boca.
(A víbora e a mulher têm a peçonha na boca.)

Mujeres en visita, luego sueltan la maldita.
(Mulheres em visita logo soltam a maldita.)

Tres mujeres y tres chiquillos, una olla de grillos.
(Três mulheres e três garotos, muito barulho e confusão.)

Tres mujeres, tres mil alfileres.
(Três mulheres, três mil alfinetes.)

TEIMOSA

A las mujeres, o matarlas o dejarlas.
(As mulheres, matá-las ou deixá-las.)

Duras de cabeza son tres criaturas: la mujer, la cabra y la burra.
(Duras de cabeça são três criaturas: a mulher, a cabra e a burra.)

VAIDOSA

Dile que es hermosa y pídele cualquier cosa.
(Diz-lhe que é formosa e pede-lhe qualquer coisa.)

Si mejorada tu casa quieres ver, rómpele el espejo a tu mujer.
(Se melhorada tua casa queres ver, quebra o espelho de tua mulher.)

Toda mujer espejo tiene.
(Toda mulher espelho tem.)

La mujer trocó el seso por el cabello.
(A mulher trocou o juízo pelo cabelo.)

Mujer hermosa, mujer vanidosa.
(Mulher formosa, mulher vaidosa.)

VOLUNTARIOSA

La mujer dice y hace lo que se le place.
(A mulher diz e faz o que lhe apraz.)

Mujeres espíritu de contradicción.
(A mulher é espírito de contradição.)

EM LÍNGUA FRANCESA

ASTUTA

Femme sait un art devant le diable.
(A mulher sabe uma arte antes do Diabo. / A mulher é mestra do Diabo.)

Nul si fin que femme n'assote.
(Ninguém é tão astuto que não seja enganado por uma mulher.)

BELA

Quanto à beleza das mulheres, os provérbios nos aconselham que seja vista com desconfiança:

Beauté et folie sont souvent en compagnie.
(Beleza e loucura muitas vezes andam juntas.)

La beauté de femme n'enrichit la marmite.
(Beleza não põe mesa.)

Beauté de femme n'enrichit homme.
(Beleza de mulher não enriquece homem.)

Belle femme, mauvaise tête.
(Bela mulher, má cabeça.)

De belle femme et fleur de mai en un jour s'en va la beauté.
(Mulher bonita e flor de maio, em um dia a beleza acaba.)

Beauté sans bonté est comme vin éventé.
(Beleza sem bondade é como vinho arejado.)

La plus belle fille du monde ne peut donner que ce qu'elle a.
(A mais bela moça do mundo só pode dar o que tem.)

Qui a belle femme et château en frontière, jamais ne lui manque débat ni guerre.
(A quem tem mulher bonita e castelo de fronteira, nunca lhe falta debate nem guerra.)

Qui a femme a garder n'a pas sa journée assurée.
(Quem tem mulher para guardar nunca está tranqüilo.)

Afirma-se, contudo, também o lado positivo da beleza:

Jolie fille porte sa dot au front.
(Moça bonita traz seu dote no rosto.)

Beauté porta sa bourse.
(A beleza trouxe sua bolsa.)

COMO LIDAR COM AS MULHERES

Les faiblesses des hommes font la force des femmes.
(As fraquezas dos homens fazem a força das mulheres.)

La femme et la poule se perdent pour trop courir.
(A mulher e a galinha se perdem por muito andar.)

Contre femme point ne débattre.
(Contra mulher, não debater.)

Fille et ville qui parlementent sont à moitié rendues.
(Moça e cidades que parlamentam já estão quase rendidas.)

Cent pays, cent guises; cent femmes, cent chemises.
(Cem países, cem usos; cem mulheres, cem camisolas.)

Maison faite et femme à faire.
(Casa feita e mulher por fazer.)

FALSA

Si traîtresse que soit la mer, plus traîtresse sont les femmes.
(Por mais traiçoeiro que seja o mar, mais traiçoeiras são as mulheres.)

Foi de femme est plume sur l'eau.
(Fé de mulher é pluma sobre a água.)

Les femmes qui sont anges à l'église sont diables à la maison.
(Mulheres que são anjos na igreja são diabos em casa.)

Le rouge matin et le conseil féminin ne sont pas à croire.
(Manhã rubra e conselho feminino não são para se acreditar.)

Femme rit quand elle peut et pleure quand elle veut.
(A mulher ri quando pode e chora quando quer.)

A tout heure chien pisse et femme pleure.
(A toda hora cachorro mija e mulher chora.)

Larme de femme affole le sot.
(Lágrima de mulher enlouquece o tolo.)

INCONSTANTE

Souvent femme varie, bien fol est qui s'y fie.
(Freqüentemente a mulher varia; bem louco é quem nela confia.)

Coeur de femme est tôt mué.
(Coração de mulher muda rápido.)

Femme varie comme la lune, aujourd'hui claire, demain brune.
(A mulher varia como a lua: hoje clara, amanhã escura.)

Temps, vent, femmes et fortune changent comme la lune.
(Tempo, vento, mulheres e fortuna mudam como a lua.)

INFERIOR AO HOMEM

La femme est un animal à cheveux longs et à idées courtes.
(A mulher é um animal de cabelos longos e idéias curtas.)

Un homme de paille vaut une femme d'or.
(Um homem de palha vale uma mulher de ouro.)

Si les femmes étaient d'argent, elles ne vaudraient rien à faire monnaie.
(Se as mulheres fossem de prata, elas não serviriam para cunhar moeda.)

MÁ

L'homme est pour le purgatoire, la femme pou l'enfer.
(O homem é para o purgatório, a mulher para o inferno.)

A qui Dieu veut aider, sa femme meurt.
(A quem Deus quer ajudar, morre-lhe a mulher.)

PERIGOSA

Femme et vin ont leur venin.
(Mulher e vinho têm seu veneno.)

L'eau gâte le vin, la charrette le chemin, et la femme l'homme.
(A água estraga o vinho, a carroça, o caminho, e a mulher, o homem.)

Femme, feu, messe, vent et mer font cinq maux de grand amer.
(Mulher, fogo, missa, vento e mar somam cinco males muito amargos.)

Il faut se garder du devant d'une feme, du derrière d'une mule et d'un moine de tous côtés.
(É preciso proteger-se da dianteira de uma mulher, da traseira de uma mula e de todos os lados de um monge.)

TAGARELA

La langue des femmes est leur épée [et elles ne la laissent pas rouiller].
(A língua das mulheres é sua espada [e elas não a deixam enferrujar].)

Deux femmes font un plaid, trois un grand caquet, quatre un plein marché.
(Duas mulheres fazem uma assembléia, três um barulhão e quatro uma feira.)

Peu et à contrecoeur se tait la femme.
(Pouco a contragosto se cala a mulher.)

Où femme il y a, silence il n'y a.
(Onde mulher há, silêncio não há.)

Une femme ne cèle que ce qu'elle ne sait pas.
(Uma mulher só esconde o que ela não sabe.)

Ne dire à ta femme ce que tu celer veux.
(Não digas à tua mulher o que queres esconder.)

Jamais femme muette n'a été battue par son mari.
(Nunca uma mulher muda foi espancada pelo marido.)

Avec la femme le mensonge devient bientôt vérité et la verité mensonge.
(Com a mulher a mentira logo se torna verdade e a verdade mentira.)

Disputes de commères, secrets dévoilés.
(Brigas de comadres, segredos desvelados.)

VAIDOSA

Quand la messe fut chantée, lors fut la dame parée.
(Quando se acabou de cantar a missa, a mulher acabou de se arrumar.)

Fille [dame] qui trop se mire peu file.
(Moça que muito se mira pouco fia.)

Femme sotte se connaît à la cotte.
(Mulher tola se conhece pela roupa.)

Dittes une seule fois à une femme qu'elle est jolie, le Diable le lui répétera dix fois par jour.
(Diga uma única vez a uma mulher que ela é bonita, o Diabo o repetirá a ela dez vezes por dia.)

VOLUNTARIOSA

Ce que femme veut, Dieu le veut.
(O que a mulher quer, Deus o quer.)

EM LÍNGUA INGLESA

ASTUTA

A woman need but look at her apron-strings to find an excuse.
(A mulher precisa só olhar para o cinto de seu avental para achar uma desculpa.)

Find a woman without an excuse and find a hare without a meuse.
(Encontre uma mulher sem desculpas e encontrarás uma lebre sem uma rota de fuga.)

BURRA

Women have long hair and short brains.
(Mulheres têm cabelos compridos e cérebro curto.)

When an ass climbs a ladder, we may find wisdom in women.
(Quando um burro subir uma escada, encontraremos sabedoria numa mulher.)

A woman cuts her wisdom teeth when she is dead.
(A mulher corta seus dentes de siso quando está morta.)

"Because" is a woman's reason.
("Porque" é o raciocínio de uma mulher.)

CARENTE

A married woman has nothing of her own but her wedding ring and her heir lace.
(Uma mulher casada não tem nada, a não ser a aliança e o enxoval.)

COMO LIDAR COM AS MULHERES

A woman kissed is half won.
(Uma mulher beijada está quase conquistada.)

A maid that laughs is half taken.
(Moça que ri está meio conquistada.)

All women may be won.
(Todas as mulheres podem ser conquistadas.)

A woman and a glass are ever in danger.
(Mulher e vidro estão sempre em perigo.)

Who has a woman has an eel by the tail.
(Quem tem uma mulher tem uma enguia pelo rabo.)

A woman, a dog, and a walnut tree, the more you beat them the better they are.
(Mulher, cachorro e nogueira, quanto mais você bate, melhores ficam.)

A woman with a beard salute from a distance.
(Mulher de barba, cumprimente de longe.)

Take the first advice of a woman and not the second.
(Siga o primeiro conselho de uma mulher, nunca o segundo.)

Never choose your women or your linen by candlelight.
(Nunca escolha uma mulher ou sua roupa de cama à luz de velas.)

Women and music should never be dated.
(Mulheres e música não deveriam nunca ser datadas.)

Let no woman's painting breed thy stomach's fainting.
(Não permita que a pintura de uma mulher deixe o seu estômago fraco.)

From the evil woman guard yourself, and the good one never trust.
(Guarda-te da mulher má e na boa não confies.)

Dally not with women and money.
(Não brinque com mulher e com dinheiro.)

A woman is flax, man is fire, the devil comes and blows the bellows.
(A mulher é linho, o homem é fogo, vem o Diabo e sopra o fole.)

Man is the head, but woman turns it.
(O homem é a cabeça, mas a mulher a vira.)

Woman is the confusion of man.
(A mulher é a confusão do homem.)

A whistling woman and a crowing hen are neither fit for God nor man.
(Mulher que assobia e galinha que cacareja não servem nem para Deus nem para o homem.)

FALSA

Maidens should be meek till they be married.
(Moças devem ser meigas até se casarem.)

A maid and a virgin is not one.
(Uma moça e uma virgem não são a mesma coisa.)

Women are saints in church, angels in the street, and devils at home.
(As mulheres são santas na igreja, anjos na rua e demônios em casa.)

Women may blush to hear what they were not ashamed to do.
(As mulheres podem corar ao ouvir coisas que não tiveram vergonha de fazer.)

Women naturally deceive, weep and spin.
(As mulheres enganam, choram e contam lorotas naturalmente.)

Maids say "no" and take it.
(As moças dizem "não" e aceitam.)

Nineteen nay-nays of a maiden are half a grant.
(Dezenove negativas de uma moça são metade de uma concessão.)

Women resist in order to be conquered.
(As mulheres resistem para serem conquistadas.)

Women laugh when they can, and weep when they will.
(As mulheres riem quando podem e choram quando querem.)

It is no more pity to see a woman weep, than to see a goose go barefoot.
(Não dá mais pena ver uma mulher chorando do que ver um ganso descalço.)

Early rain and a woman's tears are soon over.
(Chuvas matutinas e lágrimas de mulher passam logo.)

Trust not a woman when she weeps.
(Não confie numa mulher quando ela chora.)

GANANCIOSA

Women, priests and poultry never have enough.
(Mulheres, padres e galinhas nunca têm o suficiente.)

IMPERFEITA

A woman and a ship ever need mending.
(Mulher e navio estão sempre precisando de conserto.)

IMPULSIVA

A woman either loves or hates in extremes.
(A mulher ama ou odeia ao extremo.)

The woman that deliberates (hesitates) is lost.
(Mulher que hesita está perdida.)

INCONSTANTE

A woman is a weathercock.
(A mulher é um cata-vento.)

A woman's mind and a winter wind change a lot.
(A opinião de uma mulher e o vento de inverno mudam muito.)

Women are as wavering as the wind.
(As mulheres são tão instáveis quanto o vento.)

INFERIOR AO HOMEM

A man of straw is worth a woman of gold.
(Um homem de palha vale por uma mulher de ouro.)

Deeds are males, and words are females.
(Realizações são de homem, palavras são de mulheres.)

A woman is the weaker vessel.
(A mulher é o vaso mais fraco.)

Men get wealth and women keep it.
(Os homens fazem fortunas e as mulheres ficam com elas.)

MÁ

If a woman were as little as she is good, a pease-cod would make her a gown and a hood.
(Se a mulher fosse tão pequena quanto boa, uma fava de ervilha lhe serviria de capa e capuz.)

Women in mischief are wiser than men.
(Na maldade, as mulheres são mais sábias que os homens.)

A bad woman is worse than a bad man.
(Uma mulher má é pior do que um homem mau.)

Man, woman and the devil are the three degrees of comparison.
(Homem, mulher e o Diabo são os três graus de comparação.)

There is no devil as bad as the she devil.
(Não há diabo pior que uma diaba.)

NORMAS PARA O COMPORTAMENTO DA MULHER

Maidens should be seen, not heard.
(Moças devem ser vistas, não ouvidas.)

Maidens must be mild and meek, swift to hear and slow to speak.
(As moças devem ser dóceis e meigas, rápidas para escutar e lentas para falar.)

PERDULÁRIA

Women and wine, game and deceit, make wealth small and the wants great.
(Mulheres e vinho, jogo e trapaça, fazem as fortunas pequenas e as necessidades grandes.)

PERIGOSA

Woman's counsel is cold.
(O conselho da mulher é perigoso.)

Take heed of a young wench, a prophetess, an a Latin woman.
(Cuidado com uma jovem, uma profetisa e uma latina.)

Women and dogs set men together by ears.
(Mulheres e cachorros unem os homens pelos ouvidos.)

Hell has no fury like a scorned woman.
(O inferno não tem nenhuma fúria como a de uma mulher escarnecida.)

No war without a woman.
(Não há guerra sem mulher.)

No mischief but a woman or a priest at the bottom of it.
(Não há diabrura que não tenha uma mulher ou um padre por trás.)

Women are like wasps in their anger.
(As mulheres são como vespas na sua ira.)

Women are the snares of Satan.
(As mulheres são as armadilhas de Satanás.)

Women are devil's nets.
(As mulheres são as redes do diabo.)

Weal and women cannot pan, but woe and women can.
(O bem-estar e a mulher não se casam, mas a desgraça e a mulher, sim.)

A morning sun, and a wine-bred child and a Latin woman seldom end well.
(Uma manhã ensolarada, criança criada com vinho e uma mulher latina raramente acabam bem.)

A wicked woman and an evil are three halfpence worse than the devil.
(Uma mulher má e uma calamidade são três vezes piores que o Diabo.)

Women in state affairs are like monkeys in glass-shops.
(Mulheres em assuntos de Estado são como macacos em loja de cristais.)

The female of the species is more deadly than a male.
(A fêmea de uma espécie é mais mortífera que o macho.)

TAGARELA

Many women, many words, many geese, many turds.
(Muitas mulheres, muitas palavras, muitos gansos, muito excremento.)

Three women, three geese and three frogs make a market.
(Três mulheres, três gansos e três rãs fazem um mercado.)

A woman's sword is her tongue, and she does not let it rust.
(A espada de uma mulher é a sua língua e ela não a deixa enferrujar.)

Women are grat talkers.
(As mulheres são grandes faladeiras.)

Women will have the last word.
(As mulheres sempre querem ter a última palavra.)

Women will say anything.
(Mulheres dizem qualquer coisa.)

Where there are women and geese there wants no noise.
(Onde há mulheres e ganso não falta barulho.)

A sieve will hold water better than a woman's mouth a secret.
(Uma peneira segura água melhor do que a boca de uma mulher segura um segredo.)

A woman's tongue is the last thing about her that dies.
(A língua de uma mulher é a última parte de seu corpo que morre.)

One tongue is enough for a woman.
(Uma língua basta para uma mulher.)

Arthur could not tame a woman's tongue.
(Nem o rei Artur conseguiu dominar a língua de uma mulher.)

A woman's tongue wags like a lambs tail.
(A língua de uma mulher mexe como o rabo de um carneiro.)

A woman's strength is in her tongue.
(A força de uma mulher está na sua língua.)

A woman conceals what she knows not.
(Uma mulher esconde aquilo que não sabe.)

The gist of a lady's letter is in the post-script.
(A essência de uma carta de mulher está no pós-escrito)

Silence is the woman's best garment.
(O silêncio é o melhor traje de uma mulher.)

VAIDOSA E PREGUIÇOSA

The more women look in their glass the less they look to their house.
(Quanto mais as mulheres se olham no espelho, menos olham pela casa.)

Tell a woman she is fair and she will soon turn fool.
(Diga a uma mulher que ela é bonita e logo ela fica boba.)

A man is as old as he feels, a woman as old as she looks.
(Um homem tem a idade que sente, a mulher, a idade que aparenta.)

A woman that loves to be at the window is like a bunch of grapes on the highway.
(A mulher que gosta de ficar na janela é como um cacho de uvas na estrada.)

A woman that paints puts up a bill that she is to be let.
(Uma mulher que se pinta põe anúncio de que está disponível.)

A woman and a cherry are painted for their own arm.
(Uma mulher e uma cereja se pintam em prejuízo próprio.)

House goes mad, when women gad.
(A casa enlouquece quando a mulher fica a vadiar.)

Women and hens are lost by gadding.
(Mulheres e galinhas se perdem vadiando.)

VOLUNTARIOSA

Forbid a thing and that women will do.
(Proíba uma coisa e é isso que as mulheres farão.)

Women must have their will while they live, because they make none when they die.
(Mulheres precisam fazer o que querem enquanto vivas, porque depois de mortas não fazem mais.)

Women will have their wills.
(As mulheres sempre fazem suas vontades.)

Swine, women and bees cannot be turned.
(Porcos, mulheres e abelhas não podem ser desviados.)

EM LÍNGUA PORTUGUESA

Neste e nos capítulos seguintes, os provérbios em língua portuguesa referem-se ao português falado no Brasil.

APARÊNCIA

Mulher de nariz torcido bate logo no marido.
Mulher de pé exagerado tem um gênio encanzinado.
Mulher que tem pé pequeno tem o gênio sereno.
Mulher barbuda, Deus nos acuda!
Mulher de bigode não é pagode.
Mulher de bigode, nem o diabo pode.
Mulher de cabelo na venta, nem o tinhoso agüenta.
Mulher sardenta e cavalo passarinheiro, alerta, companheiro!
Mulher de roça tem uma perna fina e outra grossa.

ASTUTA

Mulher, bicho astucioso, é pérfida como um jaboti.

BEATA

Mulher que é muito beata come grelo de batata.
Mulher de igreja, Deus nos proteja!
Mulher beata, terço de prata.

BURRA

Conselho de mulher vale pouco e quem o toma é louco.
Mulher tira a idéia do corpo.
Cabelos longos, idéia curta.

CALCULISTA

Mulher e galinha são bichos interesseiros: galinha por milho, mulher por dinheiro.
Amor de mulher e festa de cão; afagos são sempre para a bolsa ou para a mão.
Mulher e cão de caça procuram pela caça.

CASAMENTO

Mulher de cego, se é direita não se enfeita.
Mulher bem casada não tem sogra nem cunhada.
Mulher não casa com sapo (carrapato) porque não sabe qual é o macho.
Mulher que se casa em dia de Sant'Ana morre de parto.

CONSELHOS AOS HOMENS

O solteiro vai onde quer, o casado tem que levar a mulher.

Quem tem mulher má está na vizinhança do purgatório.

Devemos procurar a mulher antes com os ouvidos que com os olhos.

Se queres casar na vila, pergunta pela mãe e não pela filha.

Não se caça a moça boa na praça.

Nem casa em ladeira, nem mulher bailadeira.

Em casa de mulher rica, ela manda, ele grita.

À mulher brava, corda larga.

Mulher sardenta e cavalo passarinheiro, alerta, companheiro!

Mulher de cabelo na venta nem o Diabo agüenta.

Mulher de bigode nem o diabo pode.

Mulher de bigode não é pagode.

Mulher barbuda, Deus nos acuda.

Mulher que tem pé pequeno tem sempre o gênio sereno.

Mulher de pé exagerado tem um gênio encanizado.

Mulher de nariz torcido bate logo no marido.

Mulher vermelhaça escurrupicha cachaça.

Mulher de mantilha preta nunca tem boa careta.

Mulher quanto mais pintada, mais tem a vida atrapalhada.

Mulher doente, mulher para sempre.

Mulher que mija em pé, libera-nos, Domine!

Mulher chorosa, mulher fogosa.

Mulher calada é pior que boi sonso.

Mulher casada é pior que boi sonso.

Mulher que fuma, Deus te livre de uma.

O homem calado e mulher barbada, em tua casa não dês pousada.

O homem ocioso e mulher barbuda de longe os saúda.

Mulher gastadeira, quem escolhe faz asneira.

Mulher que só lê novela, muito cuidado com ela.

Não se deve bater na mulher nem com uma flor.

Mulher velha que nos logra, longe dela porque é sogra.

A frade não faças cama e à tua mulher não faças ama.

Em casa de teu inimigo, a mulher tem por amigo.

À boa moça e à má, põe-lhes almofada.

Mulher que assobia e galinha que canta, faca na garganta.

A mulher e o peixe no mar são difíceis de agarrar.
Mulher de janela, amora de estrada.
Mulher beata, homem santarrão e criado cortês, olha-os de travês.
Mulher de bigode pode mais que o homem.
Mulher barbuda, uma faz, outra cuida.
Mulher de nariz arrebitado é levada do diabo.
A mula e a mulher com afagos fazem o mandado.
Três coisas prolongam a vida: mulher obediente, casa arejada e cavalo bom.
Três coisas mudam o homem: a mulher, o estudo e o vinho.
Mulher que faz mexerico tem perna de tico-tico.
Se tens siso, casa com mulher com juízo.

FALSA

Mulher se queixa, mulher se dói, enferma a mulher quando ela quer.
A mulher sara e adoece quando ela quer.
A mulher é um ser que nasce chorando, vive mentindo e morre rindo.
Três manhas tem a mulher: mentir sem cuidar, chorar sem querer, mijar onde quer.
Mulher ri quando pode e chora quando quer.
Mulher só chora quando se casa, porque isso não foi há mais tempo.
Lágrimas de mulher valem muito e custam-lhe pouco.
De tua mulher e de teu amigo esperto, não creias senão o que souberes ao certo.
Frade, freira e mulher rezadeira, três pessoas distintas e nenhuma verdadeira.
Não cries galinha onde a raposa pára, nem creias em mulher que chora.
A raposa tem sete manhas e a mulher a manha de sete raposas.
Nada escapa aos homens senão o vinho que as mulheres bebem.
Quem segura a enguia pelo rabo e mulher pela palavra pode dizer que nada segura.
Três coisas enganam os homens: as mulheres, os copos pequenos e a chuva miúda.
Mulher beata, mulher velhaca.

FRÁGIL

A mulher é como o espelho: para se sujar basta o bafo.
Mulher e vidro sempre estão em perigo.
A mulher e o cristal, se quebram uma vez, não se podem mais soldar.
Mulher doente, mulher pra sempre.

FORMOSA OU FEIA

De noite, à candeia, parece bonita a feia.
Mulher que não se enfeita por si se enjeita.
Mulher que bem se arreia nunca é feia.
Mulher formosa, doida ou presunçosa.
Mulher bonita e homem valentão têm muita extração.
Mulher bonita nunca é pobre.
Moça louçã, cabeça vã.
Nem tão formosa que mate, nem feia que espante.
Homem, tendo mulher feia, tem a fama segura.
Sossego de homem é mulher feia e cavalo capado.
Mulher feia vale por duas, porque o marido sempre tem outra.
Mulher e chita, cada um acha a sua bonita.
Mulher estrela, mulher faceira e boi de aroeira, o diabo que queira.
Mulher bela, doce veneno.
Formosura de mulher não enriquece o homem.
Mulher de respeito não descobre o peito.

HOMEM X MULHER

Homem reina, mulher governa.
À mulher a roca, ao marido a espada.
Há mulher espada e homem roca.
Enquanto o marido cavar, deve a mulher fiar.
O marido e a esposa são como a água e a farinha.
Mulher à vela, marido ao leme.
Do homem a praça, da mulher a casa.
Homem barca, mulher arca.
Lugar de mulher é na cozinha.
O homem é um animal que pensa e a mulher é um animal que pensa o contrário.

INCAPAZ DE LIDERAR

Não há paz onde canta a galinha e cala o galo.
Onde a mulher reina e governa, raras vezes mora a paz.
Mulher sem marido, barco sem leme.

INCONSTANTE

Cartas, mulheres e carradas de pão, para onde pendem, para aí vão.
Mulheres têm a idéia sem sossego.
Mulher, tempo (vento) e ventura asinha se mudam.

INFERIOR AO HOMEM

Mais vale homem de palha que mulher de ouro.
A sombra de um homem vale mais que cem mulheres.

INFLUENCIÁVEL

A perdição da mulher entra-lhe pelo ouvido.

LÁGRIMAS DE MULHER

Mulher chorosa, mulher fogosa.

LEVIANA

A única mulher que andou na linha o trem matou.
Aquela é boa e honrada, que está viúva e sepultada.
Mulher honrada, em casa, de perna quebrada.
Mulher que perde a vergonha nunca a recobra.
Aquela é casta que nunca foi rogada.
A mulher louca mais agrada o pandeiro que a touca.
A mulher louca, antes rebeca que roca.
Mulher janeleira, namorada ou rameira.
Mulher janeleira raras vezes encarreira.
Mulher janeleira é como uva em parreira.

MENTIROSA

Mulher, quanto mais fala, mais mente; quanto mais mente, mais jura.

NORMAS PARA O COMPORTAMENTO FEMININO

Mulher que sabe obedecer, em casa reina a valer.
Mulher honrada é menos falada.
Mulher honesta, ter o que fazer é a sua festa.
Mulher honrada não tem espada e, se tem, não mata.
Mulher honrada deve ser calada.
Mulher inteira, cose ao sábado e lava à segunda-feira.
Mulher de bondade, outrem fale e ela cale.
Mulher de respeito não descobre o peito.
À mulher casta, Deus lhe basta.
Mulher de bom recado enche a casa até o telhado.
Mulher, quanto mais calada, mais se torna desejada.
A fiar e a tecer, ganha a mulher de comer.
Mulher que pouco fia sempre faz camisa ruim.
Mulher à vela, marido ao leme.
Mulher que é muito beata, come grelo de batata.
Mulher rixenta tem cara espinhenta.
Mulher ciumenta, menino chorão, casa que goteja e burro topão são tormentos de cada cristão.
Mulher avoada ou tonta nunca presta boa conta.
Mulher mesquinha debaixo de escama acha espinha.
Mulher de veneta, nem branca nem preta.
Mulher honrada, em casa, de perna quebrada.
Lugar de mulher é na cozinha.

PREGUIÇOSA

Mulher preguiçosa, nem cheirando a rosa.
Mulher que só lê novela, muito cuidado com ela.
Mulher dorminhoca nunca sai da toca.
Mulher de janela, nem costura nem panela.

TAGARELA

Mulher tem força na língua, como boi tem no cangote.
Mulher tagarela fala de todos, todos falam dela.

Mulheres, quando se juntam a falar da vida alheia, começam na lua nova e acabam na lua cheia.
Mulher de janela fala de todos e todos dela.

VÍTIMA

Mulher que em jura de homem se fia chora de noite e de dia.

A MULHER COMO OBJETO

Freqüentemente, a mulher é tratada como um objeto de uso ou prazer, uma propriedade do homem, comparada com utensílios, tais como sapatos, caneta, relógio, ou comida, como café, melão, carne, ou ainda a animais, como cavalo, cachorro, galinha, ou objeto de prazer como um charuto.

EM LÍNGUA ALEMÃ

Frauenfleisch ist leichter zu bekommen denn Kalbfleisch.
(Consegue-se mais facilmente carne de mulher do que de vitela.)

Jungfernfleisch ist kein Lagerobst.
(Carne de virgem não pode ser armazenada.)

Rüben nach Christtag, Äpfel nach Ostern und Mädchen über dreißig Jahr haben denbesten Geschmack verloren.
(Nabos depois do Natal, maçãs depois da Páscoa e moças com mais de trinta anos perderam o sabor.)

Mädchen und Eier muss man nicht lange aufheben.
(Moças e ovos não se devem guardar por muito tempo.)

Schön Weib ist ein zartes Kleid, wenn man's viel antut, verdirbt es.
(Mulher bela é uma roupa delicada, quando muito usada, ela estraga.)

Lösche das Licht aus, so sind alle Weiber gleich.
(Apague a luz e todas as mulheres são iguais.)

Weib und Leinwand kauft man nicht bei Lichte.
(Mulheres e linho não se compram na luz do dia.)

Weiber und Pferde sind betrügliche Ware.
(Mulheres e cavalos são mercadoria traiçoeira.)

Dein Weib, sein Schwert und dein Ross magst du wohl zeigen, aber nicht ausleihen.
(Você pode mostrar sua mulher, sua espada e seu cavalo, mas não pode emprestá-los.)

Verliehen Weib, Ross, Laut und Wehr, bekommst im vor'gen Stand nicht mehr.
(Mulher, cavalo, alaúde, armadura emprestados nunca se recebem de volta como eram antes.)

Weiber und Rosse wollen gewartet sein.
(Mulheres e cavalos precisam de cuidados.)

Ein Weib, ein Esel, eine Nuss, diese drei man klopfen muss.
(Uma mulher, um burro, uma noz, os três precisam ser batidos.)

EM LÍNGUA ESPANHOLA

Espuela quiere al bueno y mal caballo; y la mujer mala y buena, palo.
(Espora quer o bom e o mau cavalo; e a mulher, má ou boa, pau.)

A la mujer y la carne mientras chillen, darle.
(A mulher e a carne, enquanto chiam, dá-lhes.)

Gozallas, sacudillas y dejallas.
(Gozá-las, sacudi-las e deixá-las.)

El hombre ha de tener tres cosas codicionadas: su mujer, su caballo y su espada.
(O homem há de ter três coisas cobiçadas: sua mulher, seu cavalo e sua espada.)

No hay mujer, ni espada, ni caballo, ni mula sin tacha.
(Não há mulher, nem espada, nem cavalo sem mancha.)

La mujer, la viña y el potro, que lo (s) críe uno y lo (s) disfrute otro.
(A mulher, a vinha e o potro, que o (s) crie um e o (s) desfrute outro.)

La mujer y la candela, tuércele el cuello si las quieres buenas.
(A mulher e a candeia, torce-lhes o pescoço se as queres boas.)

La mujer y la gata son de quien las trata.
(A mulher e a gata são de quem as trata.)

La mujer, el caballo y el melón, no admiten medio término.
(A mulher, o cavalo e o melão não admitem meio termo.)

La alpargata y la mujer a todo hombre le vienen bien.
(A alpargata e a mulher a todo homem lhe caem bem.)

Mujer y cabra, cómala el diablo si es magra.
(Mulher e cabra, coma-a o diabo se é magra.)

Una mujer y un calendario sólo sirven para un año.
(Uma mulher e um calendário somente servem para um ano.)

La mujer y el horno, por la boca se calientan.
(A mulher e o forno pela boca se esquentam.)

Cinta, mujer y cama fácilmente se hallan.
(Cinta, mulher e cama facilmente se acham.)

El espejo y la mujer tratados han de ser.
(O espelho e a mulher tratados hão de ser.)

Mujeres y guitarras es menester mucho tino para templarlas.
(Mulheres e guitarras é necessário muito tino para afiná-las.)

La mujer y la naranja no se ha de apretar mucho, porque amargan.
(A mulher e a laranja não se há de apertar muito, porque amargam.)

Con tino se saca jugo de mujeres y de frutos.
(Com tino se tira suco de mulheres e de frutos.)

Al pescado y la mujer, con los dedos ha de ser.
(Ao pescado e à mulher, com os dedos há de ser.)

A la mujer y a la cabra, soga larga.
(À mulher e à cabra, corda comprida.)

Espada y mujer, ni darlas a ver.
(Espada e mulher, nem mostrá-las.)

Huertas, molinos y mujeres, uso continuo requieren.
(Hortas, moinhos e mulheres, uso contínuo requerem.)

Niña y viña, y peral, y habar, malos son de guardar.
(Menina e vinha, pereiral e faval, maus são de guardar.)

Moza, viña, pera, cabra y garbanzal, malas cosas son de guardar.
(Moça, vinha, pêra, cabra e ervançal, más coisas são de guardar.)

Si las quieres guardar, la mujer y la espada no has de probar.
(Se as queres guardar, a mulher e a espada não hás de provar.)

La mujer y la espada, las armas y el caballo, de muchos han de ser codiciados, no fiados.
(A mulher e a espada, as armas e o cavalo, de muitos hão de ser cobiçados, não fiados.)

La media y la mujer por un punto se suelen perder.
(A meia e a mulher por um ponto sóem perder-se.)

La mujer es mosca, y el hombre araña, y así al menor descuido a apaña.
(A mulher é mosca e o homem, aranha, e assim, ao menor descuido, a apanha.)

La mujer es carta cerrada, que después de abierta no vale nada.
(Mulher é carta fechada, que depois de aberta não vale nada.)

La mujer y la lima, la más lisa.
(A mulher e a lima, a mais lisa.)

Mujer sosa y huevo sin sal, al diablo se pueden dar.
(Mulher sonsa e ovo sem sal, ao diabo se lhe podem dar.)

A quien tiene escopeta, guitarra, reloj o mujer, nunca le falta un traste que componer.
(Quem tem escopeta, guitarra, relógio ou mulher, nunca lhe falta um traste para consertar.)

Cabra, caballo y mujer, gordos los has de escoger/tener.
(Cabra, cavalo e mulher, gordos os há de escolher/ter.)

La mujer, el melón y el queso, al peso.
(A mulher, o melão e o queijo, ao peso.)

Mujer y pera, la que no suena, ésa es la buena.
(Mulher e pêra, a que não soa, essa é a boa.)

EM LÍNGUA FRANCESA

Il ne faut prêter ni son épée, ni son chien, ni sa femme.
(Não se deve emprestar nem a espada, nem o cão, nem a mulher.)

Ne prends jamais de femme chez un cafetier, ni vach chez unmeunier.
(Nunca pegue mulher num bar, nem vaca num moinho.)

Les femmes sont comme les omelettes, elles ne sont jamais assez battues.
(As mulheres são como as omeletes, nunca se bate o suficiente.)

Bats ta femme tous les jours: si tu ne sais pas pourquoi, elle, elle le sait.
(Bata na sua mulher todos os dias: se você não sabe por que, ela, ela sabe.)

La femme et l'oeuf un seul maître veut.
(A mulher e o ovo um só dono quer.)

Il faut aux filles des hommes ou de murailles.
(As moças precisam de homens ou de muralhas.)

Le fuseau doit suivre le garrot.
(O fuso deve segurar o garrote.)

La poule ne doit pas chanter devant le coq.
(A galinha não deve cantar antes do galo.)

EM LÍNGUA INGLESA

Never choose your women or your linen by candlelight.
(Nunca escolha suas mulheres ou sua roupa de cama à luz de vela.)

A woman, a dog and a walnut tree, the more you beat them the better they be.
(Mulher, cachorro, nogueira, quanto mais apanham, melhores são.)

A woman and a ship ever need mending.
(Uma mulher e um navio sempre precisam de conserto.)

Who has a woman has a heel by the tail.
(Quem tem uma mulher tem uma enguia pelo rabo.)

A woman is flax, man is fire, the devil comes and blows the bellows.
(A mulher é linho, o homem é fogo, vem o diabo e sopra o fole.)

A whistling woman and a crowing hen are neither fit for God nor man.
(Mulher que assobia e galinha que cacareja não serve nem para Deus nem para o homem.)

Women and hens are lost by gadding.
(Mulheres e galinhas se perdem vadiando.)

Swine, women and bees cannot be turned.
(Porcos, mulheres e abelhas não podem ser desviados.)

A woman and a cherry are painted for their own arm.
(A mulher e a cereja se pintam em prejuízo próprio.)

EM LÍNGUA PORTUGUESA

Mulher é que nem sapato, usa até gastar e depois troca.
Mulher é como café: quando esfria, ninguém quer.
Mulher de amigo meu para mim é homem.
Mulher bonita e parafuso, pode deixar que eu aperto.
Mulher é como ferro elétrico: a gente liga em cima e acende em baixo.
Por falta de roupa nova, passei a ferro a velha.
Mulher e lama é no meio.
Mulher cata-vento tem formiga no assento.
Se me ver [sic] agarrado com mulher feia, pode apartar que é briga.
Mulher feia é como coqueiro liso: não dá pra trepar.

Beijar mulher que fuma é como lamber cinzeiro.
Mulher só fica velha da cintura para cima.
Mulher e relógio não se emprestam.
Mulher calada é pior que boi sonso.
Mulher, arma e cavalo de andar, nada de emprestar.
Mulher, cavalo e cão nem se emprestam nem se dão.
Mulher e caneta não se emprestam.
Nem bois à noite, nem mulheres à candeia.
Nem mulher nem teia à luz de candeia.
O charuto e a mulher estão no acertar e não no escolher.
Em comprar cavalo e escolher mulher, fecha os olhos e encomenda-te a Deus.
Mulher, cavalo e cachorro de caça se escolhe pela raça.
A mulher e o melão, o calado é o melhor.
Mulher e lima, a mais lisa.
Da mulher e da pescada, a mais alentada.
Da mulher e da sardinha, a mais pequenina.
A mulher e a sardinha, nem da maior nem da mais pequenina.
Da sardinha e da mulher, da maior que houver.
A mulher e a sardinha, quanto maior, mais daninha.
A mulher e a mula, o pau as cura.
Em mulher não se bate nem com uma flor; bate-se com um rabo de tatu molhado.
A mulher e o pedrado, quer-se pisado.
Mulher e dinheiro, nem escondido.
Mulher e dinheiro mostrado está em véspera de ser roubado.
A mulher e a galinha não se deixa passear.
A mulher e a galinha por andar se perde asinha.
A mulher e a galinha, com o sol recolhida.
A mulher e a ovelha, com o sol à cortelha.
À mulher e à galinha, torce-lhe o pescoço se a quiseres fazer boa.
Nem mulher de outro, nem coice de potro.
Mulher deve se casar cedo, porque homem é jerimum e mulher melancia: jerimum se guarda, mas melancia, se não aproveitar logo, apodrece.
Mulher de padre, cachorro cotó, cavalo cabano, salva-se um por engano.

Mulher é como bife: quanto mais bate, mais mole fica.
Mulher que assobia e galinha que canta, faca na garganta.
Jamais serão bons a couve requentada e a mulher à casa tornada.
No escuro, tanto vale a rainha como a negra de cozinha.
Mulher se perde uma e se acha sete.
Mulher, cachaça e bolacha, em toda parte se acha.
Mulher e pote se encontra "aos lote".
Mulher e beiju de massa (e pau de porteira) em toda parte se encontra.
Para quem perde a mulher e um tostão, maior perda a do dinheiro.
A mulher não vai além de fêmea.
Mulher e dinheiro, nem escondido.
Mulher e pau de porteira em toda parte se encontra.
Mulher janeleira é como uva em parreira.

Elogios à mulher

No levantamento apresentado, evidencia-se a ocorrência significativa e generalizada da figura da mulher como um objeto ou propriedade desfrutável do homem, como um ser inferior que deve ser colocado e mantido sob o domínio masculino.

As semelhanças culturais reveladas pelos provérbios são muitas. Há quase total unanimidade quanto aos temas enfocados. Em maior ou menor escala, a mulher é astuta, burra, calculista, falsa, frágil, formosa, mas... imperfeita, incapaz de liderar, inconstante, inferior ao homem, influenciável, leviana, perigosa, sabida, tagarela, vaidosa, voluntariosa.

Algumas diferenças culturais se evidenciam na ausência de certos provérbios em alguns povos. No *corpus* em inglês não aparece a beleza da mulher como um perigo para o homem, ela não é sedutora, ao passo que nos demais povos há uma grande incidência desse tema, no qual a feiúra da mulher é apontada como garantia de segurança e tranqüilidade para o homem.

Interessante também observar como o meio ambiente de cada povo está refletido nas metáforas proverbiais. Assim, os alemães e ingleses afirmam que a mulher, o burro e a noz precisam ser batidos, ao passo que os franceses falam em batê-la como uma omelete, os brasileiros como um bife, ou com rabo de tatu.

Contudo, sabemos também que *Every cloud has a silver lining*, ou seja, nem tudo está perdido, toda nuvem tem um halo prateado. Em menor número, há também uma seleção de provérbios que apresentam a mulher de maneira positiva.

EM LÍNGUA ALEMÃ

BELA

Schöne Weiber machen schöne Sitten.
(Belas mulheres criam hábitos belos.)

BOA

Wo keine Frau, da geschieht dem Kranken weh.
(Onde não há uma mulher, o doente é maltratado.)

BOA ADMINISTRADORA

Ein hässlich Weib ist eine gute Haushälterin.
(Uma mulher feia é uma boa dona de casa.)

EFICIENTE

Wo Frau wirtschaftet, wächst der Speck am Balken.
(Onde a mulher administra, o toucinho cresce nas vigas.)

Wenn die Frau die Kühe füttert, so geben selbst die Hörner Milch.
(Quando a mulher alimenta as vacas, até os chifres dão leite.)

FIEL

Gesellentreue nicht besteht, Eheweibs Treu über alles geht. Bruder und Mutter lieben sehr, aber ein Eheweib noch viel mehr.
(A lealdade do aprendiz não dura, a fidelidade da esposa está acima de tudo. Irmãos e mães amam muito, mas a esposa ama muito mais.)

IGUAL AO HOMEM

Mann und Weib sind ein Leib.
(Homem e mulher são um corpo.)

EM LÍNGUA ESPANHOLA

BOA

La mujer buena y leal es tesoro real.
(A mulher boa e leal é tesouro real.)

Ah, Señor, por quien tú eres, no se acaben las mujeres!
(Ah, Senhor, por quem tu és, não se acabem as mulheres!)

La mujer y la viña dan al hombre alegría.
(A mulher e a vinha dão ao homem alegria.)

Donde no hay mujer, no hay placer.
(Onde não há mulher, não há prazer.)

La mujer es el guardián de la casa.
(A mulher é o guardião da casa.)

No es casa la casa donde no hay mujeres.
(Não é casa a casa onde não há mulheres.)

Sin una mujer al lado, el hombre es un desdichado.
(Sem uma mulher ao lado, o homem é um desditoso.)

MAL NECESSÁRIO

A mulher pode ser vista, ainda, de uma ótica neutra, em que se reconhece que ela é um mal necessário:

La mujer es un mal necesario.
(A mulher é um mal necessário.)

Ni con ellas, ni sin ellas.
(Nem com elas, nem sem elas.)

Las mujeres, donde están sobran; y donde no están hacen falta.
(As mulheres, onde estão, sobram; e, onde não estão, fazem falta.)

NECESSÁRIA

Mujer muerta, casa deshecha.
(Mulher morta, casa desfeita.)

TRABALHADEIRA

La mujer hacendosa hace en un día treinta cosas.
(A mulher trabalhadeira faz num dia trinta coisas.)

VALIOSA

Más vale mujer que hacienda.
(Mais vale mulher que fazenda.)

VISÃO DIVIDIDA

Há, também, os provérbios que apresentam uma visão dividida:

De todo mal y de todo bien es compendio la mujer.
(De todo mal e de todo bem é compêndio a mulher.)

Donde hay mujeres hay pesares y placeres.
(Onde há mulheres, há pesares e prazeres.)

La mujer es la salud y la calamidad de la casa.
(A mulher é a saúde e a calamidade da casa.)

VISÃO MANIQUEÍSTA

Numa visão maniqueísta, "a voz do povo" afirma:

La mujer o es Eva o es María.
(A mulher ou é Eva ou é Maria.)

EM LÍNGUA FRANCESA

Em francês, são raros os provérbios positivos sobre a mulher:

Femme bonne vaut couronne.
(Mulher boa vale coroa.)

La femme tombe sept fois et toujours se relève.
(A mulher cai sete vezes e sempre se levanta.)

EM LÍNGUA INGLESA

Em inglês, os provérbios que lhe conferem boas qualidades, apontam a mulher como:

BONDOSA

All women are good.
(Todas as mulheres são boas.)

NECESSÁRIA

Woeful is the household that wants a woman.
(Triste da casa que carece de uma mulher.)

Women are necessary evils.
(As mulheres são um mal necessário.)

SÁBIA

A woman's advice is no great thing, but he who wont't take it is a fool.
(O conselho de uma mulher não é grande coisa, mas tolo de quem não o segue.)

A woman has an eye more than a man.
(A mulher tem um olho a mais do que o homem.)

Women's instincts is often truer than a man's reasoning.
(O instinto das mulheres é freqüentemente melhor do que o raciocínio dos homems.)

TRABALHADEIRA

A woman's work is never done.
(O trabalho de uma mulher não acaba nunca.)

Men make houses, women make homes.
(Os homens constroem casas, as mulheres constroem lares.)

EM LÍNGUA PORTUGUESA

BONDADE

Mulher boa prata é que muito soa, mas traz a advertência: "Mulher boa, ave rara", e o conselho: "À mulher torce-lhe o pescoço se a queres fazer boa".

PARA ENCERRAR...

Finalizando este tema, gostaríamos de acrescentar: "Digam os homens o que quiserem, é sempre a mulher quem governa".

TOD

MUERTE

MORT

DEATH

MORTE

Visões sobre a morte

A *grosso modo*, tanto expressões quanto provérbios podem ser positivos ou negativos, favoráveis ou desfavoráveis. No caso da morte, agrupamos os provérbios em eufemismos e disfemismos. Eufemismos abrandam a idéia da morte, ao passo que os disfemismos a tratam com irreverência.

A morte é assunto tratado, com freqüência, eufemisticamente. É natural o desejo de se evitar falar sobre assuntos desagradáveis ou tristes, como se silenciar sobre o fato pudesse afastá-lo. Recorre-se, então, a um eufemismo para suavizar a idéia do acontecido. Nos provérbios também é bastante freqüente o seu emprego. Neles, alude-se à sua inevitabilidade, ao nivelamento dos mortos, à sua solidão, à sua impotência e, também, ao medo que todos têm dela. Além disso, ela é, também, ridicularizada, como veremos na coletânea que segue.

Em língua alemã

Da vida nada se leva

Nach dem Tod gilt das Geld nicht mehr.
(Depois da morte o dinheiro não vale mais nada.)

Wenn ich tot bin, gilt ein Rübenschnitz so viel als ein Dukat.
(Quando eu estiver morto, um pedaço de nabo valer-me-á tanto quanto um pedaço de cenoura.)

Hora e lugar da morte

Der Tod hat keinen Kalender.
(A morte não tem calendário.)

Es weiss niemand, wie ihm sein Tod beschert ist.
(Ninguém sabe como será sua morte.)

Justiça da morte

Der Tod ist ein gleicher Richter.
(A morte é um juíz justo.)

MORTE COMO FATALISMO

Auf einen gottlobigen Tod kommt gern ein trauriger.
(Depois de uma morte bem-vinda, vem outra mais triste.)

MORTE DE UNS, LUCRO DE OUTROS

Des einen Tod, des andern Brot.
(Morte para um, pão para outro.)

MORTE E DÍVIDAS

Der Tod zahlt alle Schulden.
(A morte paga todas as dívidas. / A morte não tem dívidas.)

MORTE É INEVITÁVEL

Dem Tod ist niemand zu stark.
(Ninguém é forte demais para a morte.)

Für den Tod ist kein Kraut gewachsen.
(Contra a morte não há ervas.)

Wider des Todes Kraft hilft kein Kräutersaft.
(Contra o poder da morte não adianta nenhum chá de ervas.)

Kein Harnisch schützt wider den Tod
(Nenhuma armadura protege contra a morte.)

Des Todes Pfad ist stets geebnet.
(O caminho da morte está sempre preparado.)

Sterben und Steuerzahlen muss der Mensch überall.
(Em toda parte o homem deve morrer e pagar impostos.)

Es ist nichts gewisser als der Tod, und nichts ungewisser als die Stunde.
(Nada é mais certo que a morte e nada é mais incerto que a hora da morte.)

Sterben und geboren werden ist des Menschen Tun auf Erden.
(Morrer e nascer é o desempenho do homem na terra.)

Was geboren ist, ist vom Tod geworben.
(O que nasceu foi recrutado pela morte.)

Den Tod frisst ein jeder am ersten Brei.
(Ingere-se a morte já com o primeiro mingau.)

Heute rot, morgen tot.
(Hoje vermelho, amanhã morto.)

Heute König, morgen tot.
(Hoje rei, amanhã morto.)

Tod und Ehrabschneiden muss ein jeder leiden.
(Morte e difamação todos têm que sofrer.)

Werden und Sterben ist allen Menschen gemein.
(Ser gerado e morrer é comum a todos os homens.)

Niemand kann dem Tod entlaufen.
(Da morte ninguém escapa.)

MORTE E MÉDICO

Neuer Arzt, neuer Kirchhof.
(Médico novo, cemitério novo.)

MORTE E VIDA ETERNA

Wohl sterben ist nicht verderben, sondern das ewige Leben erben.
(Morrer bem não significa ser destruído, mas herdar a vida eterna.)

MORTE PREMATURA

Wen Gott am liebsten hat den holt er jung heim.
(Quem Deus ama ele chama cedo.)

RESPEITO AOS MORTOS

Lass die Toten unbestichelt.
(Não fale mal dos mortos.)

Mit den Toten kann man nicht zürnen.
(Não se pode ficar bravo com os mortos.)

Lass die Toten ruhen.
(Deixe os mortos descansarem em paz.)

Wenn er tot ist, scheisst ihm der Hund aufs Grab.
(Quando ele estiver morto, o cachorro evacuará no seu túmulo.)

Man lobt im Tode manchen Mann, der Lob im Leben nie gewann.
(Muitos homens, que durante a vida nunca ganharam elogios, são elogiados quando mortos.)

SOLIDÃO DA MORTE

Wer tot ist, ist bald vergessen.
(Quem morre é logo esquecido.)

Der ist lange tot, der vorm Jahre starb.
(Quem morreu há um ano está morto há muito tempo.)

VANTAGENS DA MORTE

Besser tot denn friedlos.
(Antes morto que sem paz.)

EM LÍNGUA ESPANHOLA

DA VIDA NADA SE LEVA

El hombre más rico sólo tiene una mortaja.
(O homem mais rico só tem uma mortalha.)

El fin de quanto se trabaja se cifra en una mortaja.
(O fim de quanto se trabalha se cifra numa mortalha.)

Dejando su alma a Dios, su cuerpo a la tierra, y a sus hijos sus bienes, solo la mortaja le queda al que se muere.
(Deixando sua alma para Deus, seu corpo para a terra, seus bens para seus filhos, só resta a mortalha para quem morre.)

DESEJO DE MORTE ALHEIA

A quien mucho tememos, muerto lo queremos.
(Morto queremos a quem tememos.)

A quien desean ver muerto, vive años ciento.
(Quem desejamos ver morto vive cem anos.)

Muerte deseada, vida prolongada.
(Morte desejada, vida prolongada.)

Ni vive mucho el querido, ni muere pronto el aburrido.
(Não vive muito o querido, nem morre logo o odiado.)

Si verme muerto deseas, antes ciegues que tal veas.
(Se desejas ver-me morto, antes cegues que tal vejas.)

Muerte de otro no has de desear, pues la tuya se ha de llegar.
(Não desejes a morte alheia, pois a tua chegará.)

HORA E LUGAR DA MORTE

Ninguno muere si la hora no viene.
(Ninguém morre antes da hora.)

Muerte cierta, hora incierta.
(Morte certa, hora incerta.)

Cuando menos se piensa, la muerte llega.
(A morte chega quando menos se espera.)

La muerte siempre es traidora: no dice el día ni la hora.
(A morte sempre é traiçoeira, não diz o dia nem a hora.)

JUSTIÇA DA MORTE

Bien hace la muerte cuando se lleva a quien debe.
(Bem faz a morte quando leva quem deve.)

La muerte es carta pago: buena para el bueno y mala para el malo.
(A morte é carta de pagamento: boa para o bom, má para o mau.)

MORTE COMO CONSEQÜÊNCIA DE VIDA

Quien vive bien muere bien, quien vive mal muere mal.
(Quem vive bem morre bem, quem vive mal morre mal.)

Cual la vida tal la muerte.
(Tal vida, tal morte.)

Como se vive se muere.
(A gente morre como vive.)

Conforme sea tu vivir, será tu morir.
(Morrerás como terás vivido.)

MORTE COMO FATALIDADE

Entierro, bautizo y boda compendian la vida toda.
(Enterro, casamento e batizado compreendem a vida toda.)

Casamiento y mortaja del cielo baja (n).
(Casamento e mortalha, no céu se talha.)

Muriendo tu vecino, te ensenã el camino!
(O vizinho que morre te ensina o caminho.)

MORTE E DÍVIDAS

Quien muere ni cobra ni paga.
(Quem morre não cobra nem paga.)

Quien se muere liquida sus cuentas con los que quedan.
(Quem morre liqüida suas contas com os que ficam.)

Muerte es rescate y remate.
(Morte é resgate e arremate.)

La muerte es gran liquidadora.
(A morte é grande liqüidadora. / A morte não tem dívidas. / Defunto não paga dívida.)

MORTE É INEVITÁVEL

Al morir no hay huir.
(Não se pode fugir da morte.)

Morir habemos. Ya lo sabemos.
(Morreremos. Já sabemos.)

Todo pasa y nosotros con todo.
(Tudo passa e nós, com tudo.)

Al fin, morir, y la llave en la puerta, para que otro se meta.
(Ao final, morrer, e a chave na porta para que outro se meta.)

Cuando viene la chata, que hacer, sino esticar la pata?
(Quando vier a morte, que fazer senão esticar a pata?)

No hay cosa cierta en la vida, sino que será finida.
(Não há coisa certa na vida, senão que será finda.)

La muerte es tan cierta como la vida incierta.
(A morte é tão certa como a vida é incerta.)

La muerte todas las medidas vierte.
(A morte todas as medidas verte.)

Quien tiene penas se muere, y quien no las tiene también.
(Quem tem pesares morre e quem não os tem, também.)

A la vejez y a la juventud las espera el ataud.
(À velhice e à juventude as espera o ataúde.)

A la fosa, lo mismo que la vieja va la moza.
(À fossa tanto vai a velha como a moça.)

No hay vida sin muerte, ni placer sin pesar.
(Não há vida sem morte, nem prazer sem pesar.)

Para morir nacemos, y olvidado lo tenemos.
(Para morrer nascemos e nos esquecemos.)

Cuando empezaste a vivir, empezaste a morir.
(Quando começaste a viver, começaste a morrer.)

De la cama se sigue la sepultura.
(Da cama se vai à sepultura.)

Donde quieres que corras, allí te encontrará la muerte.
(Onde quer que vás, a morte te encontrará.)

La muerte está más cerca de nosotros que la pestaña del ojo.
(A morte está mais perto de nós que a pestana do olho.)

No hay hora segura hasta la sepultura.
(Não há hora segura até a sepultura.)

Cada paso que des, el postrero puede ser.
(Cada passo que dês pode ser o último.)

Hoy en palco, mañana en catafalco.
(Hoje no palco, amanhã no catafalco.)

Los hombres somos los higos: el que no cae hoy, cae mañana.
(Os homens são como figos; quem não cai hoje, cai amanhã.)

La muerte es común a todos.
(A morte é comum a todos.)

La muerte tan bien come cordero como carnero.
(A morte come tanto cordeiro quanto carneiro.)

Tan presto muere el rico como el mendigo.
(Tão rápido morre o rico quanto o mendigo.)

Ricos y pobres, flacos y gordos, todos muerden el polvo.
(Ricos e pobres, magros e gordos, todos mordem o pó.)

Muere el rey, y el Papa, y el duque, y el prior de Guadalupe.
(Morre o rei, e o Papa, e o duque, e o prior de Guadalupe.)

La muerte mata al rey, y el Papa, y de todos justicia escapa.
(A morte mata o rei, e o Papa, e de todos justiça escapa.)

La muerte a nadie perdona: ni tiara ni a corona.
(A morte não perdoa ninguém: nem tiara, nem coroa.)

O morirá el asno o quien lo aguija.
(Ou morrerá o asno, ou quem o aguilhoa.)

A todo hay mañana, sino a la muerte.
(Para tudo há amanhã, menos para a morte.)

A todo hay remedio, sino a la muerte.
(Há remédio para tudo, menos para a morte.)

Para todo hay arte, si no es para la muerte.
(Para tudo há solução, menos para a morte.)

En mal de muerte no hay médico que acierte.
(Em mal de morte não há médico que acerte.)

Contra la muerte no hay remedio, pero la muerte es un remedio.
(Contra a morte não há remédio, mas a morte é um remédio.)

Lo mismo dan el pellejo los mozos que los viejos.
(Dão a alma a Deus tanto os moços quanto os velhos.)

A todo hace la muerte ni placer sin pesar.
(Não há vida sem morte, nem prazer sem pesar.)

A todo hace la muerte: se lleva lo seco no poco de lo verde.
(A morte leva idosos e não poupa jovens.)

MORTE É IMPREVISÍVEL

Cuando el hombre menos se cata, viene la muerte y lo arrebata.
(Quando o homem menos espera, vem morte e o arrebata.)

Cuando el parvo más se ufana, tiene la muerte más cercana.
(Quando o parvo mais se ufana, tem a morte mais perto.)

Cuando más descuidado estás, llega la muerte, y, zás!
(Quando mais descuidado estás, chega a morte, e, zás!)

Cuando te imaginas más fuerte, tópaste con la muerte.
(Quando te imaginas mais forte, te topas com a morte.}

La muerte es siempre traidora: no dice el dia ni la hora.
(A morte é sempre traidora; não diz o dia nem a hora.)

Mal pasando al fin, morir, y no sé cuándo.
(Mal passando ao final morrer, e não sei quando.)

Bailaremos este San Juan, que el viene, Dios sabe quién lo bailará. (Bailaremos este São João, o que vem, Deus sabe quem o bailará.)

La muerte suele no avisar: cuando menos lo piensas ahí está.
(A morte não costuma avisar: quando menos pensas nela, aí está.)

No te duermas ni descuides; que vendrá la muerte cuando menos te cures.
(Não durmas nem descuides, que virá a morte quando menos esperas. / A morte não avisa ninguém.)

MORTE É INSUBORNÁVEL

Nadie tiene la vida comprada.
(Ninguém compra a vida.)

Dijo la muerte al dinero: "Para nada te quiero".
(Disse a morte ao dinheiro: "Para nada te quero".)

La muerte regalos no prende.
(A morte não aceita presentes.)

La muerte y los buenos jueces no dejan que los cohechen.
(A morte e os bons juízes não se deixam subornar.)

A la muerte no hay cohechador que la cohece.
(À morte não há subornador que a suborne.)

MORTE É PODEROSA

A la muerte no hay cosa fuerte.
(Para a morte nada é forte.)

Para la muerte no hay puerta cerrada ni casa fuerte.
(Para a morte não há porta fechada nem casa forte.)

La muerte no llama a la puerta: al través de los muros se entra.
(A morte não bate na porta: atravessa paredes.)

Pues nada se puede hacer contra la muerte, venga cuando venga y llegue cuando llegue.
(Não se pode fazer nada contra a morte, venha quando vier, chegue quando chegar.)

No hay tal pompa que la muerte no la rompa.
(Não há pompa que a morte não rompa.)

Fuerte, fuerte, nada como la muerte.
(Forte, forte, nada como a morte.)

Contra la buena o mala suerte, sólo tiene poder la muerte.
(Contra a boa ou má sorte, só tem poder a morte.)

La muerte poder de Dios tiene y hace lo que quiere.
(A morte tem o poder de Deus e faz o que quer.)

Sólo Dios dijo a la muerte: "Adónde vás? Detente".
(Somente Deus pode deter a morte.)

La muerte de un soplo mata al más fuerte.
(A morte de um sopro mata o mais forte.)

Por dondequiera que pasa la muerte todo lo arrasa.
(Por onde quer que passe, a morte tudo arrasa.)

Donde hay castillo tan fuerte que nos defienda de la muerte?
(Onde há castelo tão forte que nos defenda da morte?)

Dijo el dinero: "Yo hago todo cuanto quiero". Y dijo la muerte: "Prueba conmigo, y verás que soy más fuerte."
(Disse o dinheiro: "Eu faço tudo quanto quero". E disse a morte: "Disputa comigo e verás que sou mais forte".)

La muerte de tanto morder perdió los dientes; pero bien sin ellos se avía, porque tiene recias las encías.
(A morte de tanto morder perdeu os dentes; mas bem se arranja, porque tem fortes as gengivas.)

Si el dinero es fuerte, más lo es la muerte.
(Se o dinheiro é forte, a morte é mais.)

MORTE E VIDA ETERNA

Bien morir es empezar a bien vivir.
(Morrer bem é começar a viver bem.)

Un bien morir abre la puerta de un mejor vivir.
(Morrer bem abre a porta de um melhor viver.)

En la muerte está la vida en que habrá dicha cumplida.
(Na morte está a vida na qual a sorte foi cumprida.)

La mejor vida es aquella donde el fin comienza de ella.
(A melhor vida é aquela que começa com o seu fim.)

MORTE PREMATURA

A quien Dios quiere para si, poco tempo tiene aqui!
(A quem Deus quer para si, pouco tempo tem aqui.)

A quien Dios ama, Dios le llama.
(Deus chama a quem ama.)

A los buenos, Dios los lleva, y los malos aqui se quedan.
(Deus leva os bons e os maus aqui ficam.

Lo ido lo más querido, lo quedado, lo menos amado.
(O mais querido foi, o menos amado ficou.)

La mala hierba no muere nunca.
(Erva ruim geada não mata.)

RESPEITO AOS MORTOS

Cuando estás muerto, todos te alabaremos.
(Quando estiveres morto, nós todos te elogiaremos.)

No hay nadie bueno hasta que se ha muerto.
(Não há ninguém bom antes de morrer. / Depois que morre, todo mundo é bom.)

La muerte es redentora.
(A morte é redentora.)

SOLIDÃO DA MORTE

A muertos y a idos no hay más amigos.
(Mortos e idos não têm mais amigos.)

VANTAGENS DA MORTE

Morir es renacer.
(Morrer é renascer.)

Morir es volver a vivir.
(Morrer é tornar a viver.)

Muere y vivirás.
(Morra e viverás.)

EM LÍNGUA FRANCESA

DA VIDA NADA SE LEVA

Le plus riche n'emporte qu'un linceul.
(O mais rico só leva a mortalha.)

HORA E LUGAR DA MORTE

Rien n'est plus certain que la mort, rien n'est plus incertain que l'heure de la mort.
(Nada é mais certo que a morte, nada é mais incerto que a hora da morte.)

MEDO DA MORTE

Plutôt soufrir que mourir.
(Antes sofrer do que morrer.)

MORTE COMO CONSEQÜÊNCIA DE VIDA

De mauvaise vie, mauvaise fin.
(Má vida, mau fim.)

MORTE DE UNS, SAÚDE DE OUTROS

L'un meurt dont l'autre vit.
(Um morre do que outro vive.)

Mort de loup, santé de brebis.
(Morte de lobo, saúde das ovelhas.)

MORTE É INEVITÁVEL

Dans le monde il n'y a rien de plus assuré que la mort et les impôts.
(No mundo não há nada mais certo do que a morte e os impostos.)

Rien n'est plus certain que la mort, rien n'est plus incetain que l'heure de la mort.
(A morte é certa, a hora é incerta.)

Nous mourons tous les jours.
(Morremos todos os dias.)

Aujourd'hui en chair, demain en bière.
(Hoje na cadeira, amanhã no caixão.)

La mort n'épargne personne, tout a qui vit est sujet à la mort.
(A morte não poupa ninguém, tudo o que vive está sujeito a morrer.)

Il y a remède a tout, hors à la mort.
(Há remédio para tudo, menos para a morte.)

Autant meurt veau que vache.
(Tanto morre o bezerro quanto a vaca.)

Contre la mort, point de remède.
(Para a morte não há remédio.)

Contre la mort, il n'y a point d'appel nul ressort.
(Não há recurso contra a morte.)

RESPEITO AOS MORTOS

Au mort et à l'absent injure ni tourment...
(Aos mortos e ausentes, nem injúria nem tormento...)

SOLIDÃO DA MORTE

Le vif a peu d'amis et le mort n'en a point.
(O vivo tem poucos amigos e o morto, nenhum.)

Le morts sont bientôt oubliés.
(Os mortos são logo esquecidos.)

Les mort n'a point d'amis, le malade a qu'un.
(O morto não tem amigos, o doente só tem um.)

VANTAGENS DA MORTE

Plutôt mourir que soufir.
(Antes morrer do que sofrer.)

EM LÍNGUA INGLESA

DA VIDA NADA SE LEVA

All our pomps the earth covers.
(A terra cobre toda nossa pompa.)

HORA E LUGAR DA MORTE

No man knows when he shall die, although he knows he must die.
(Ninguém sabe a hora da morte. / A morte é certa, a hora é incerta.)

Men know where they were born, not where they shall die.
(O homem sabe onde nasceu, não sabe onde vai morrer.)

Death surprises us in the midst of our hopes.
(A morte nos surpreende em meio a nossas esperanças.)

IMPOTÊNCIA DO MORTO

The dead are always wrong.
(Os mortos nunca têm razão.)

A dead bee makes no honey.
(Abelha morta não faz mel.)

A dead dog cannot bite.
(Cachorro morto não morde.)

Dead dogs bark not.
(Cachorros mortos não ladram.)

Dead men don't bite.
(Os mortos não mordem.)

Dead men tell no tales.
(Os mortos não falam.)

MEDO DA MORTE

Fear of death is worse than death itself...
(O medo da morte é pior que a própria morte.)

He that fears death lives not.
(Quem teme a morte não vive.)

Men fear death as children fear to go in the dark.
(Os homens temem a morte como as crianças temem o escuro.)

MORTE COMO CONSEQÜÊNCIA DE VIDA

They die well that live well.
(Morre bem quem vive bem.)

Such a life, such a death.
(Tal vida, tal morte.)

A good life makes a good death.
(Uma boa vida faz uma boa morte.)

An ill life an ill end.
(Uma vida má, um fim mau.)

He dies like a beasty who has done no good while he lived.
(Morre como uma besta quem não fez nenhum bem enquanto vivo.)

A fair death honors the whole life.
(Uma boa morte honra vida inteira.)

MORTE COMO FATALIDADE

One funeral makes many.
(Um funeral produz muitos [outros].)

MORTE COMO SOLUÇÃO

Death is a remedy for all ills.
(A morte é o remédio de todos os males. / A morte cura tudo.)

MORTE DE UNS, LUCRO DE OUTROS

The death of a young wolf never comes too soon.
(A morte de um lobinho nunca vem cedo demais.)

The death of the wolves is the safety of the sheep.
(A morte dos lobos é a segurança dos carneiros. / Morte de lobo, saúde de rebanho.)

MORTE E DÍVIDAS

Death pays all debts.
(A morte paga todas as dívidas. / A morte não tem dívidas. / Morto não paga dívida.)

MORTE É INEVITÁVEL

Today a man, tomorrow none.
(Hoje um homem, amanhã ninguém.)

Death is deaf to our wailings.
(A morte é surda às nossas lamentações.)

A ground sweat cures all diseases.
(O suor da terra cura todas as doenças.)

Nothing is certain, but death... and taxes.
(Nada é certo, só a morte e os impostos.)

Dying is as natural as living.
(Morrer é tão natural quanto viver.)

As soon as man is born he begins to die.
(O homem começa a morrer assim que nasce.)

The first breath is the beginning of death.
(O primeiro respirar é o começo da morte.)

The longest day will have an end.
(O dia mais longo terá um fim.)

He that once is born, once must die.
(Quem nasceu deve morrer.)

It is as natural to die as to be born.
(Morrer é tão natural quanto nascer.)

At every hour death is near.
(A cada hora a morte está perto.)

Today a man, tomorrow none.
(Hoje um homem, amanhã nenhum.)

Death is sure to all.
(A morte é certa para todos.)

All men are mortal.
(Todos os homens são mortais. / Todos somos mortais.)

All men must die.
(Todos os homens devem morrer.)

No man has a lease of his life.
(Ninguém tem domínio sobre sua vida.)

Charon waits for all.
(Caronte aguarda todos.)

Death is the black camel that kneels before everybody.
(A morte é o camelo negro que se ajoelha diante de todos.)

Graves are of all sizes.
(Sepulturas são de todos os tamanhos.)

Death devours lamb as well as sheep.
(A morte devora tanto o cordeiro quanto o carneiro.)

As soon goes the young lamb's skin to the market as the old ewe's.
(A pele do cordeiro vai para o mercado tão depressa quanto a da ovelha.)

Grass and hay, we are all mortal.
(Grama e feno, somos todos mortais.)

Arthur himself had but his time.
(Até mesmo o rei Artur também teve sua hora.)

There is a remedy for all things but death.
(Há remédio para tudo menos para a morte.)

MORTE E MÉDICO

Death defies the doctor.
(A morte desafia o médico.)

Death rather frees us from ills, than robs us of our good.
(A morte antes nos livra dos males do que nos rouba os bens.

A young physician fattens the churchyard.
(Um médico jovem engorda o cemitério.)

Death is the poor man's best physician.
(A morte é o melhor médico do pobre.)

MORTE NIVELA TODOS

Six feet of earth make all men equal.
(Sete palmos de terra fazem todos os homens iguais.)

The end makes all equal.
(O fim iguala a todos. / Na morte somos todos iguais.)

MORTE PREMATURA

Whom the gods love dies young.
(Quem os deuses amam morre cedo.)

The good die young.
(Os bons morrem cedo.)

The best go first.
(Os bons se vão primeiro.)

RESPEITO AOS MORTOS

Never speak ill of the dead.
(Nunca fale mal dos mortos.)

Speak only what is true of the living and what is honourable of the dead.
(Fale só a verdade sobre os vivos e só o que é honroso sobre os mortos.)

SOLIDÃO DA MORTE

To dead men and absent there are no friends left.
(Os mortos e ausentes não têm amigos.)

Dead men are of no family and are akin to none.
(Os mortos não são de nenhuma família e não têm parentes.)

He that died half a year ago is as dead as Adam.
(Quem morreu há meio ano está tão morto quanto Adão.)

VANTAGENS DA MORTE

A dead mouse feels no cold.
(Rato morto não sente frio.)

EM LÍNGUA PORTUGUESA

DA VIDA NADA SE LEVA

Mortalha não tem bolso.

HORA E LUGAR DA MORTE

Só o peru morre na véspera.
A gente sabe onde nasce, mas não sabe onde morre.

IMPOTÊNCIA DO MORTO

Depois da onça morta, até cachorro mija nela.
Morta a cobra, morto o veneno.
Defunto não fala.

MEDO DA MORTE

A vida é ruim, mas ninguém quer morrer.
Antes assim que amortalhado.

MORTE COMO CONSEQÜÊNCIA DE VIDA

De grandes ceias estão as covas cheias.

MORTE COMO SOLUÇÃO

É melhor uma boa morte do que uma ruim sorte.

MORTE DE UNS, LUCRO DE OUTROS

O que a um cura, a outro mata.
Com o que este se cura, aquele vai para a sepultura.
O que mata o sapateiro cura o barqueiro.
Morre o cavalo a bem do urubu.

MORTE É INEVITÁVEL

Hoje com saúde, amanhã no ataúde.
Ninguém escapa da morte.
Para morrer, basta estar vivo.
Andar, andar, corpo a enterrar.
Hoje em nossa figura, amanhã na sepultura.

A morte é certa para todos.
Ninguém é dono de sua vida
Para morrer basta estar vivo.
Para a morte, o remédio é abrir-lhe a boca (cova).
Para tudo há remédio, menos para a morte.
Quem de moço não morre, de velho não escapa.
Se a morte marca a estrada, não adianta pegar desvio.
Todos os homens são mortais.
Defunto não enjeita cova.
Ao vivo tudo falta, ao morto tudo sobra.
Antes de mil anos todos seremos brancos.
A que é de morte, água lhe é forte.
Contra a morte não há coisa forte.
Hoje em nossa figura, amanhã na sepultura.
A morte é certa para todos.
Ninguém é dono da vida.
Para morrer basta estar vivo.
Para tudo há remédio, menos para a morte.
Quem de moço não morre, de velho não escapa.
Se a morte marca a estrada, não adianta pegar desvio.
Todos os homens são mortais.
Ao vivo tudo falta, ao morto tudo sobra.
A morte não tem dívidas.

MORTE E MÉDICO

Os médicos enterram seus enganos.

MORTE NIVELA TODOS

Não há ninguém como a morte para acabar com a presunção, com quatro metros de chita e sete palmos de chão.

SOLIDÃO DA MORTE

Os mortos não têm amigos.

GELD

DINERO

ARGENT

MONEY

DINHEIRO

Visões sobre o dinheiro

Dinheiro, o vil metal mais doce que o mel, não por acaso está associado aqui com os provérbios sobre a mulher e sobre a morte. Sua associação com a primeira está presente na ganância e interesse que nela despertam; com a segunda, que, embora não possa levá-lo consigo, deixa-o a sortudos herdeiros.

Desde que o homem adotou a moeda valor de troca, o dinheiro foi responsável por toda a sorte de intrigas, dolos, roubos, crimes para se consegui-lo. O objetivo é sempre poder usufruir do bem-estar que ele pode proporcionar e, para consegui-lo, vale tudo. Essa dicotomia paradoxal está presente nos ditos populares, que ora o denigrem, ora o enaltecem. O metal é vil, mas pode proporcionar boas coisas. Assim é que os provérbios que dele se ocupam podem ser negativos ou positivos, e muitas vezes contraditórios.

Em língua alemã

Cobiça

Je mehr man hat, je mehr man haben will.
(Quanto mais se tem mais se quer.)

Gut will zu Gut.
(Bens querem bens. / Dinheiro chama dinheiro.)

Wenn der grosse Beutel kommt, so verwirft man den kleinen.
(Quando chega a bolsa grande, rejeita-se a pequena.)

Dificuldade de obter dinheiro

Wird viel Geld verloren, um Geld zu gewinnen.
(Perde-se muito dinheiro para ganhá-lo.)

Dinheiro como fonte de preocupação

Großes gut, große Sorge.
(Grandes posses, grandes preocupações.)

Das Geld ist rund, wer's haben kann, der halt's.
(O dinheiro é redondo, quem pode tê-lo que o segure.)

Geld gewinnen und halten können, ist gleich Kunst.
(Ganhar dinheiro e segurá-lo exige a mesma habilidade.)

Geld kommt mit Schritten und geht mit Sprüngen.
(Dinheiro vem a passos lentos e se vai aos pulos.)

Wer kein Geld hat, dem fällt es nicht durch die Finger.
(Quem não tem dinheiro não corre o risco de perdê-lo.)

DINHEIRO COMO FONTE DO MAL

Liebe und Geld verkehrt die Welt.
(O amor e o dinheiro pervertem o mundo.)

Geld gibt Ursach zum Bösen.
(O dinheiro é a causa das maldades.)

Geld hat manchen an den Galgen gebracht.
(O dinheiro já levou muitos à forca.)

Durch Geld und Geiz fällt man dem Teufel in sein Garn.
(Cai-se nas garras do Diabo através do dinheiro e da avareza.)

Geld betört auch die Allerweisesten.
(O dinheiro seduz até os mais sábios.)

Geld macht Schälke.
(O dinheiro faz palhaços.)

Wo Gold vorregnet, da regnet es Laster nach.
(Onde chove ouro, o vício segue.)

Wo Geld und Gut ist, da fehlt auch der Neid nicht.
(Onde há dinheiro e posses não falta inveja.)

Ein Quentlein Gold wiegt mehr als ein Zentner Recht.
(Um grama de ouro pesa mais que uma tonelada de direito.)

DINHEIRO E AMIZADE

Richtige Rechnung macht gute Freundschaft.
(Conta certa faz boa amizade.)

Geld ist der beste Freund auf der Welt.
(O dinheiro é o melhor amigo do mundo.)

DINHEIRO E CARÁTER

Liebe, Geld und Pein können nicht verborgen sein.
(Amor, dinheiro e sofrimento não se podem esconder.)

Gutlos ist besser denn ehrlos.
(Sem posses é melhor do que sem honra.)

Mit der Münze, womit du zahlst, zahlt man dich auch.
(Serás pago com a mesma moeda com a qual pagas.)

Am Geld, im Trunk und im Zorn erkennt man des Menschen Gemüt.
(Através do dinheiro, da bebida e da raiva se revela o caráter de um homem.)

DINHEIRO E CASAMENTO

Geld führt die Braut heim.
(O dinheiro leva a noiva para casa.)

Wer nach Geld heiratet, verliert seine Freiheit.
(Quem casa por dinheiro perde a liberdade.)

DINHEIRO E CORRUPÇÃO

Die Gewaltigen handeln mit Geld, die Schwachen mit Recht.
(Os poderosos negociam com dinheiro, os pobres com direito.)

DINHEIRO E LIBERDADE

Fremd Geld macht unfrei.
(O dinheiro de outro tira a liberdade.)

Geld genommen, um Freiheit gekommen.
(Aceitou dinheiro, perdeu a liberdade.)

DINHEIRO PROPORCIONA ALEGRIA

Mit Geld probiert man die Welt.
(Com dinheiro degusta-se o mundo. / O dinheiro traz alegria.)

Bar Geld lacht.
(O dinheiro vivo sorri.)

Herz wo Geld.
(O coração está onde está o dinheiro.)

Der Geld bringt, der ist willkommen.
(Quem traz dinheiro é bem-vindo.)

Geld im Beutel vertreibt die Schwermut.
(Dinheiro no bolso espanta a melancolia.)

Sobald das Geld im Kasten klingt, alsbald die Seele in Himmel springt.
(Assim que o dinheiro entra em caixa, a alma sobe ao céu.)

ECONOMIA

Ein ersparter Pfennig ist zweimal verdient.
(Um tostão poupado é duas vezes ganho. / Vintém poupado, vintém ganho.)

Wer den Pfennig nicht ehrt, ist des Talers nicht wert.
(Quem não honra o tostão não merece o milhão.)

Das Geld ist wo man's in Ehren hält.
(O dinheiro permanece onde é honrado.)

EMPRÉSTIMO DE DINHEIRO

Geld borgen macht Sorgen.
(Dinheiro emprestado suscita preocupações.)

Geborgtes Geld bringt kein Glück, denn es will immer zu seinem Herrn zurück.
(Dinheiro emprestado não traz sorte, pois quer voltar ao seu dono.)

Geliehen Geld soll man lachend bezahlen.
(Dinheiro emprestado deve-se devolver rindo.)

FALTA DE VALOR DO DINHEIRO

Das Geld stillt weder den Hunger noch den Durst.
(O dinheiro não mata nem a fome nem a sede.)

Geld hilft vielen in die Höll, aber keinem heraus.
(O dinheiro ajuda muitos a entrarem no inferno, mas não a sair dele.)

Geld bring Gunst, aber nicht Kunst.
(O dinheiro traz favores, mas não arte.)

Mit grossem Geld werden selten grosse Leute erzogen.
(Raramente educam-se grandes homens com muito dinheiro.)

Geld geht durch viele Türen, ausgenommen die Himmelstür.
(O dinheiro passa por muitas portas, menos pela do céu.)

Geld macht nicht glücklich.
(Dinheiro não traz felicidade.)

Das Geld zu rechter Zeit veracht, hat manchem grossen Nutz gebracht.
(Desprezar o dinheiro na hora certa pode ser de grande utilidade.)

USO DO DINHEIRO

Geld macht den Markt.
(O dinheiro faz a feira.)

UTILIDADE E PODER DO DINHEIRO

Lieb und Geld herrschen in der Welt.
(O amor e o dinheiro reinam no mundo.)

Geld ist der Meister.
(O dinheiro é o mestre.)

Geld ist der große Held.
(O dinheiro é o maior herói.)

Geld ist der Mann, der's kann.
(O dinheiro é o homem que tudo pode.)

Geld ist der Welt Gott.
(O dinheiro é o Deus do mundo.)

Das liebe Geld kann alles.
(O bendito dinheiro tudo pode.)

Geld ist die Welt, und die Welt ist Geld.
(O dinheiro é o mundo e o mundo é dinheiro.)

Liebe kann viel, Geld alles kann.
(O amor pode muito, o dinheiro pode tudo.)

Geld schliesst auch die Hölle auf.
(O dinheiro abre as portas do inferno.)

Geld kann den Teufel in ein Glas bannen.
(O dinheiro pode confinar o diabo num copo.)

Für Geld kann man den Teufel tanzen sehen.
(O diabo dança por dinheiro.)

Für Geld und gute Worte kann man alles haben.
(Com dinheiro e boas palavras, tudo se consegue.)

Wo Geld redet, da gilt alle Rede nicht.
(Onde dinheiro fala, tudo se cala. / O dinheiro fala mais alto.)

Redet Geld, so schweigt die Welt.
(Quando o dinheiro fala, o mundo se cala.)

Gründe aus der Münze geholt überreden am besten.
(Razões baseadas em dinheiro são mais persuasivas.)

Geld schweigt nicht, wo es ist.
(O dinheiro não se cala onde está. / O dinheiro fala.)

VALOR DO DINHEIRO

Der gestohlene Pfennig gilt so viel als ein anderer.
(O dinheiro roubado vale tanto quanto qualquer outro.)

Erbettelter Pfennig ist besser als gestohlener Taler.
(O centavo mendigado é melhor que o real roubado.)

Des Geldes und des Verstandes Wert lernt man in der Not kennen.
(O valor do dinheiro e da inteligência se conhece na necessidade.)

Eine Hand voll Geld ist besser als beide Hände voll guter Rat.
(Uma mão cheia de dinheiro é melhor do que duas cheias de bons conselhos. / Se conselho fosse bom, ninguém dava, vendia.)

Das Geld ist tot, aber es schafft Leben und Brot.
(O dinheiro é morto, mas cria vida e pão.)

Klein Geld, kleine Arbeit.
(Pouco dinheiro, pouco trabalho.)

Geld schändet nicht.
(O dinheiro não desonra ninguém.)

Wo Geld ist, da ist der Teufel; wo keins ist, da ist er zweimal.
(Onde há dinheiro lá está o Diabo; onde não há dinheiro, ele está em dobro.)

Geld stinkt nicht.
(Dinheiro não tem cheiro.)

EM LÍNGUA ESPANHOLA

AMBIÇÃO

De enero a enero, el dinero es del banquero.
(De janeiro a janeiro, o dinheiro é do banqueiro.)

Si más queréis, por bien dinero.
(Se mais quereis, por bom dinheiro.)

Dinero, a dónde vas? Adonde hay más.
(Dinheiro, aonde vais? Aonde há mais. / Dinheiro chama dinheiro.)

Si el corazón fuera de acero, no le venciera el dinero.
(Se o coração fosse de aço, não o venceria o dinheiro.)

CUIDADOS COM O DINHEIRO

Dinero de suegro, dinero de pleito.
(Dinheiro de sogro, dinheiro de disputa.)

Dinero de unos es señor; y de otros, siervo.
(Dinheiro de uns é senhor; e, de outros, servo.)

Armas y dineros, buenas manos quieren.
(Armas e dinheiro boas mãos querem. / Para que sejam proveitosos é necessário saber usá-los.)

Dineros del sacristán, cantando se vienen y cantando se van.
(Dinheiro de sacristão, cantando vem e cantando vai.)

Bien te quiero, bien te quiero; mas no te doy mi dinero.
(Bem te quero, bem te quero; mas não te dou meu dinheiro.)

Dineros de avaro, duas veces van al mercado.
(Dinheiro de avaro, duas vezes vai ao mercado.)

A dineros dados, brazos quebrados.
(A dinheiro dado, braços quebrados. / Não se deve pagar nada adiantado.)

DESPERDÍCIO

No gastes todo lo que tengas; podrías sobrevivir a tu dinero.
(Não gastes tudo o que tenhas; poderias sobreviver ao teu dinheiro.)

Dinero cambiado, dinero gastado.
(Dinheiro trocado, dinheiro gasto.)

DINHEIRO COMO FONTE DO MAL

El dinero hace malo lo bueno.
(O dinheiro faz mau o bom.)

Dinero no falte, y trampa adelante.
(Dinheiro não falte e trapaça adiante.)

El dinero es el soporte de los apetitos.
(O dinheiro é o suporte dos apetites.)

DINHEIRO E AMIZADE

En cuanto hay dinero hay amigos.
(Quando há dinheiro, há amigos.)

En tiempo de higos hay amigos.
(Em tempo de figos há amigos. / Em tempo de abundância os amigos aparecem.)

Más vale amigo en plaza que dinero en arca.
(Mais vale um amigo na praça que dinheiro na arca.)

Sobre dinero no hay amistad.
(Sobre dinheiro não há companheiro. / O dinheiro se antepõe à amizade.)

DINHEIRO PROPORCIONA ALEGRIA

El dinero nunca se goza hasta que se gasta. / Nunca el dinero se goza sino cuando se gasta.
(Nunca o dinheiro se desfruta senão quando se gasta.)

Dinero bien huele, salga de donde salir.
(Dinheiro é sempre bem-vindo, venha de onde vier.)

Del pobre la bolsa, con poco dinero rebosa.
(Do pobre a bolsa, com pouco dinheiro se alegra.)

ECONOMIA

Dinero y la mujer, en la vejez son menester.
(Dinheiro e mulher, na velhice são necessários.)

Dinero que no ha de tener vuelta; quién lo suelta?
(Dinheiro que não há de ter volta, quem o solta?)

Más vale dar bien trueno que dinero al mestre Pedro.
(Há pessoas que preferem causar escândalo a ter que gastar dinheiro.)

Para tener dineros, tenerlos. / Si quieres tener dinero, tenlo.
(Se quiseres ter dinheiro, deves guardá-lo.)

Dinero es como los ratones, oyendo ruido, se esconde.
(Dinheiro é como os ratos, ouvindo ruído, se esconde.)

FALTA DE DINHEIRO

Hidalgo como el rey, dinero no tanto.
(Fidalgo como o rei, dinheiro nem tanto.)

Dadme dineros, y no me deis consejos. / Dinero, y no consejos.
(Dinheiro e não conselhos. / Se conselho fosse bom ninguém dava, vendia.)

Dinero ninguno y mucha fachada; total, nada.
(Dinheiro nenhum e muita fachada: total, nada.)

De dinero e calidad, la mitad de la mitad.
(Do dinheiro e qualidade, a metade da metade.)

La mujer del escudero, grande bolsa y poco dinero.
(A mulher do escudeiro, grande bolsa e pouco dinheiro.)

Si no tienes dinero en la bolsa, ten miel en la boca.
(Se não tens dinheiro na bolsa, tem mel na boca.)

INUTILIDADE E FALTA DE VALOR DO DINHEIRO

Dinero encerrado, no gana un cornado.
(Dinheiro guardado, não vale um vintém.)

Dinero no crece en el talego.
(Dinheiro em casa não rende juros.)

Dinero guardado, mujer estéril.
(Dinheiro guardado, mulher estéril.)

Si el avariento fuera sol, a nadie daria luz ni calor.
(Se o avarento fosse sol, a ninguém daria luz nem calor.)

Obreros a no ver, dineros a perder.
(Obreiros ausentes, dinheiro perdido.)

Dinero olvidado, ni hace merced ni agrado.
(Dinheiro esquecido, não faz mercê nem gosto.)

El dinero le dijo a la muerte: "Detente"; y la muerte le dijo al dinero: "No quiero".
(Diante da morte, o dinheiro não tem poder.)

USO DO DINHEIRO

Amores, dolores y dineros no pueden estar secretos.
(Amor, sofrimento e dinheiro não podem estar ocultos.)

Si quieres tener enemigos, empresta dineros.
(Se queres ter inimigos, empresta dinheiro.)

Dinero emprestaste, enemigo ganaste.
(Dinheiro emprestaste, inimigo ganhaste.)

Dineros y amores, diablos y locuras, mal se disimulan.
(Dinheiro e amor, diabo e loucura, mal se dissimulam.)

Con la mujer y el dinero, no te burles, compañero.
(Com a mulher e o dinheiro, não te burles, companheiro.)

Quien deja el herrero y va al herrerón, gasta su dinero y quémase el carbón.
(Quem deixa o ferreiro e vai ao ferreirão, gasta seu dinheiro e queima-se o carvão.)

El dinero y el amor traen los hombres al derredor.
(O dinheiro e o amor motivam as ações dos homens.)

El dinero y el amor y el cuidado no puede(n) estar disimulado(s).
(O dinheiro e o amor e o cuidado não pode[m] estar dissimulado[s].)

Dineros y pecados, cada cual los tiene callados.
(Dinheiro e pecados, cada um os tem calados.)

UTILIDADE E PODER DO DINHEIRO

El dinero es gran caballero. / Poderoso caballero es don Dinero.
(Poderoso cavalheiro é D. Dinheiro.)

Cuando el dinero habla, todos callan.
(Quando o dinheiro fala todos calam.)

Quien dineros tiene, hace lo que quiere.
(Quem dinheiro tem, faz o que quiser.)

Dinero llama dinero.
(Dinheiro chama dinheiro.)

Dineros haya en el bolsón, que no faltará quien haga el son.
(Todos procuram agradar o rico.)

El dinero es la llave maestra de todas las puertas.
(O dinheiro é a chave-mestra de todas as portas. / O dinheiro abre todas as portas.)

Más ablanda el dinero que palabras de caballero.
(Mais abranda o dinheiro que palavras de cavalheiro.)

Por el dinero baila el perro.
(Por dinheiro até o cachorro dança.)

Por mi dinero, papa le quiero.
(Com dinheiro consegue-se tudo.)

Quien tiene dineros pinta panderos.
(O rico consegue tudo o que quer.)

VALOR DO DINHEIRO

Dinero en mano, todo es llano.
(Dinheiro em mão, tudo é fácil.)

Dinero hace dinero.
(Dinheiro faz dinheiro.)

Costumbres y dineros, hacen los hijos caballeros.
(Costumes e dinheiro fazem os filhos cavalheiros.)

Dineros son calidad.
(Dinheiros são qualidade. / O dinheiro confere consideração e honra.)

El dinero hace al hombre entero.
(O dinheiro faz o homem íntegro.)

A las barbas con dineros, honra hacen los caballeros.
(Às barbas com dinheiro, honra fazem os cavalheiros.)

EM LÍNGUA FRANCESA

DIFICULDADE DE OBTER DINHEIRO

L'argent ne pousse pas sur les arbres.
(Dinheiro não dá em árvore.)

DINHEIRO ALHEIO

Argent d'autrui nul n'enrichit.
(Dinheiro alheio não enriquece ninguém.)

DINHEIRO COMO FONTE DO MAL

Il est aussi mauvais d'avoir de l'argent que de n'en avoir.
(É tão ruim ter dinheiro quanto não ter.)

L'argent fait perdre et prende gens.
(O dinheiro faz perder e prender as pessoas.)

Où il y a en écu, il y a un diable; où il n'y en a pas, il y en a deux.
(Onde há um escudo, há um diabo; onde não há, ha dois.)

Nul or sans écume.
(Não há ouro sem espuma [escória].)

Quand la bourse se rétrécit la conscience s'enlargit.
(Quando a bolsa encolhe a consciência estica.)

La bourse ouvre la bouche.
(A bolsa abre a boca.)

DINHEIRO GANHO

Il vaut mieux deux sous ici que quatre ailleurs.
(Mais vale dois centavos aqui do que quatro lá longe.)

L'argent ne reste pas dans la main de la personne qui sue.
(O dinheiro não fica na mão da pessoa que sua.)

Gagne de l'argent d'abord, la vertu vient aprés.
(Ganhe o dinheiro primeiro, a virtude vem depois.)

DINHEIRO GASTO

Argent changé, argent mangé.
(Dinheiro gasto, dinheiro comido.)

Beau gain fait belle dépense.
(Belo ganho, bela despesa.)

L'argent n'a pas de queue.
(O dinheiro não tem rabo.)

L'argent c'est de l'éther.
(Dinheiro é éter.)

DINHEIRO PROPORCIONA ALEGRIA

Bien danse à qui la fortune chante.
(Bem dança a quem a fortuna canta.)

L'argent est un fruit toujours mûr.
(O dinheiro é uma fruta sempre madura.)

ECONOMIA

Qui n'épargne pas un sou n'en aura jamais deux.
(Quem não economiza um tostão jamais terá dois.)

C'est avec des cents qu'on fait des piastres.
(É com centavos que se fazem piastras. / Cuide de seus tostões que os milhões se cuidarão.)

EMPRÉSTIMO DE DINHEIRO

Si vous voulez savoir le prix de l'argent, essaayez d'en emprunter.
(Se você quer saber o valor do dinheiro tente tomá-lo emprestado.)

Prêter l'argent fait perdre la memoire.
(Emprestar dinheiro faz perder a memória.)

FALTA DE DINHEIRO

Pas d'argent, pas de suisses.
(Sem dinheiro não há suíços [guardas/segurança.])

Qui n'a point d'argent n'a point d'ami.
(Quem não tem dinheiro não tem amigos.)

FALTA DE VALOR DO DINHEIRO

L'argent ne fait pas le bonheur.
(O dinheiro não traz felicidade.)

Au jugement, crotte de chat vaudra autant que marc d'argent.
(No juízo final, o excremento de gato valerá tanto quanto extrato de dinheiro.)

En la balance l'or et le fer sont un.
(Na balança, o ouro e o ferro são o mesmo.)

PODER DO DINHEIRO

La clé d'or ouvre toutes les portes.
(A chave de ouro abre todas as portas.)

Argent comptant porte médicine.
(Dinheiro vivo é remédio. / Dinheiro é remédio.)

Monnaie fait tout.
(O dinheiro faz tudo. / Com dinheiro tudo se consegue.)

L'argent est le nerf de la guerre.
(O dinheiro é o nervo da guerra.)

L'argent est un autre sang.
(O dinheiro é um outro sangue.)

Dieu règne au ciel, et l'agent sur la terre.
(Deus reina no céu e o dinheiro na terra.)

Si tu combats avec une épée d'argent, tu seras toujorus vainqueur.
(Se combateres com espada de prata serás sempre vencedor.)

Parlez d'argent et chacun se tait.
(Fale de dinheiro e todos se calam. / O dinheiro fala mais alto.)

Un marteau d'argent rompt des portes de fer.
(Um martelo de prata rompe portas de ferro.)

L'argent est une troisième main.
(O dinheiro é uma terceira mão.)

Qui a l'argent a des pirouettes.
(Quem tem dinheiro tem piruetas.)

L'argent est un onguent.
(O dinheiro é um unguento.)

L'argent purifie tout.
(O dinheiro purifica tudo.)

USO DO DINHEIRO

L'argent est serviteur ou maître.
(O dinheiro é servidor ou senhor.)

L'argent est un bon serviteur, mais c'est un mauvais maître.
(O dinheiro é bom servidor, mas mau senhor.)

VALOR DO DINHEIRO

L'argent n'a point d'odeur.
(Dinheiro não tem cheiro.)

D'où vient votre argent, nul ne s'en informe, mais il faut en avoir.
(De onde vem o seu dinheiro ninguém se informa, mas é preciso tê-lo.)

EM LÍNGUA INGLESA

COBIÇA

Poverty wants some things, luxury many things, and avarice all things.
(A pobreza deseja algumas coisas, o luxo muitas, e a avareza todas.)

The poor have little, beggars none, the rich too much, enough none.
(Os pobres têm pouco, os mendigos nada, os ricos demais, o suficiente ninguém.)

Much would have more.
(Quem tem muito quer mais.)

COMO USAR O DINHEIRO

Money is like manure: it's only good when spread.
(Dinheiro é como esterco, só é bom quando espalhado.)

Money is better spent than spared.
(Dinheiro é melhor gasto do que economisado.)

Money when counted, woman when spanked is O.K.
(Dinheiro contado, mulher espancada é O.K.)

CUIDADOS COM O DINHEIRO

Dally not with women or money.
(Não brinque com mulher nem com dinheiro.)

Get the money honestly, if you can.
(Consiga dinheiro honestamente, se puder.)

If thou knowest how to use money, it will become thy handmaid; if not, it will be thy master.
(Se souberes usar o dinheiro, ele será seu criado; se não, ele será seu patrão.)

Make money your servant, not your master.
(Faça do dinheiro o seu criado não o seu patrão. / Não seja escravo do dinheiro.)

Put not your trust in money, but your money in trust.
(Não deposite sua confiança no dinheiro, mas deposite seu dinheiro em confiança.)

The money paid, the work delayed.
(Dinheiro pago, trabalho atrasado.)

Bad money always comes back.
(Dinheiro ruim sempre volta.)

Bad money drives out good.
(Dinheiro ruim expulsa o bom.)

The money one gets the wrong way never does one any good.
(O dinheiro que obtemos de maneira errada nunca nos faz bem.)

DESPERDÍCIO DE DINHEIRO

Those who spend money will never build a porcelain casttle.
(Aqueles que gastam dinheiro jamais construirão um castelo de porcelana.)

Waste not, want not.
(Não desperdice e não necessite.)

DIFICULDADE DE OBTER DINHEIRO

Money doesn't grow on trees.
(Dinheiro não dá em árvore.)

DINHEIRO COMO FONTE DE ALEGRIA

A heavy purse makes a light heart.
(Uma carteira pesada torna o coração leve.)

Money makes a man laugh.
(O dinheiro faz o homem rir. / Rico ri à toa.)

Nothing but honey is sweeter than money.
(Só o mel é mais doce que o dinheiro.)

Money is honey, my little sonny, and a rich man's joke is always funny.
(Dinheiro é mel, meu filho, e a piada do rico é sempre engraçada.)

There is no companion like the penny.
(Não há companheiro como o dinheiro.)

Money never comes out of season.
(O dinheiro nunca vem fora de hora. / Dinheiro é sempre bem-vindo.)

DINHEIRO COMO FONTE DE PREOCUPAÇÃO

Those who have money have trouble about it.
(Quem tem dinheiro tem problemas.)

Too much money makes one mad.
(Muito dinheiro enlouquece.)

Much coin, much care.
(Muito dinheiro, muita preocupação.)

DINHEIRO COMO FONTE DO MAL

A rich man's money hangs him often times.
(O dinheiro do rico muitas vezes o enforca.)

Money and man a mutual friendship show: man makes false money, money makes false man.
(O dinheiro e o homem exibem uma amizade mútua: o homem faz dinheiro falso e dinheiro faz o homem falso.)

More money, more sin.
(Mais dinheiro, mais pecado.)

Money is the root of all evil.
(O dinheiro é a fonte de todo mal.)

Much money makes a country poor, for it sets a dearer price on everything.
(Muito dinheiro empobrece um país, pois encarece todas as coisas.)

Money is the senews of war.
(Dinheiro é o sustentáculo da guerra.)

The abundance of money ruins youth.
(Muito dinheiro arruina a juventude.)

DINHEIRO DEMAIS

A rich man's money hangs him often times.
(O dinheiro do rico muitas vezes o enforca.)

Too much money makes one mad.
(Dinheiro demais enlouquece.)

The abundance of money ruins youth.
(A abundância de dinheiro arruina a mocidade.)

DINHEIRO E CASAMENTO

He that marries money earns it.
(Quem se casa por dinheiro merece-o.)

Don't marry for money, but don't marry without money.
(Não se case por dinheiro, mas não se case sem dinheiro.)

DINHEIRO E CORRUPÇÃO

When money speaks truth keeps its mouth shut.
(Quando o dinheiro fala, a verdade cala.)

Rich man's spots are covered with money.
(As manchas dos ricos se cobrem com dinheiro.)

Money is a bottomless sea in which honor, conscience, and truth may be drowned.
(O dinheiro é um mar sem fundo no qual a honra, a consciência e a verdade se afogam.)

ECONOMIA

Beware of little expenses, a small leak will sink a great ship.
(Cuidado com as pequenas despesas, um pequeno vazamento afunda um grande navio.)

Don't spend your money all in one place.
(Não gaste todo seu dinheiro num lugar só.)

It is better to tell your money where to go than to ask where it went.
(É melhor dizer ao seu dinheiro onde ir do que perguntar onde ele foi.)

Save your money and die rich.
(Guarde seu dinheiro e morra rico.)

The best way to double your money is to fold it and put it back in your pocket.
(A melhor maneira de dobrar o seu dinheiro é dobrá-lo e recolocá-lo no seu bolso.)

Never spend your money before you have it.
(Não gaste dinheiro antes de ganhá-lo.)

Those who spend money will never build a porcelain casttle.
(Quem gasta dinheiro jamais construirá um castelo de porcelana.)

Money saved is money earned.
(Dinheiro poupado é dinheiro ganho. / Vintém poupado, vintém ganho.)

Little and often fills the purse.
(De grão em grão a galinha enche o papo.)

EMPRÉSTIMO DE DINHEIRO

If you'd lose a troublesome visitor, lend him money.
(Se você quiser se livrar de uma visita problemática, empreste-lhe dinheiro.)

Lend money and you get an enemy.
(Empreste dinheiro e ganhe um inimigo.)

Never lend money to a friend, unless you want to lose it.
(Nunca empreste dinheiro para um amigo, a menos que você queira perdê-lo.)

Money borrowed is soon sorrowed.
(Dinheiro emprestado é logo lamentado.)

When you look for money all you get is sympathy.
(Quando você busca dinheiro tudo o que consegue é solidariedade.)

Money borrowed is money spent.
(Dinheiro tomado emprestado é dinheiro gasto.)

FALTA DE DINHEIRO

An empty purse fills the face with wrinkles.
(Uma bolsa vazia enche o rosto de rugas.)

A light purse makes a heavy heart.
(Uma bolsa leve deixa o coração pesado.)

A moneyless man goes fast through the market.
(Um homem sem dinheiro atravessa o mercado rapidamente.)

He that has no money needs no purse.
(Quem não tem dinheiro não precisa de bolsa.)

He that has little shall have less.
(Quem tem pouco terá menos.)

He that has nought shall have nought.
(Quem nada tem nada terá.)

Little wealth, little care.
(Pouca riqueza, pouca preocupação.)

Love lasts as long as money endures.
(O amor perdura enquanto o dinheiro dura. / Quando o dinheiro acaba o amor sai pela janela.)

Money is often lost for want of money.
(Muitas vezes se perde dinheiro por falta de dinheiro.)

Where coin is not common, common must be scant.
(Onde o dinheiro não é comum, as provisões são escassas.)

Money comes like earth scooped up with a needle; it goes like sand washed away by water.
(O dinheiro chega como a terra escavada com uma agulha e se vai como areia levada pela água.)

Money reaches its highest value when we have none.
(O dinheiro alcança seu valor máximo quando não temos nenhum.)

Penniless souls must pine in purgatory.
(Almas sem dinheiro devem se lamentar no purgatório.)

Poverty wants some things, luxury many things, and avarice all things.
(A pobreza precisa de algumas coisas, o luxo, muitas coisas, e a avareza, todas as coisas.)

The poor have little, beggars none, the rich too much, enough no one.
(Os pobres têm pouco, os mendigos nada, os ricos têm muito, o suficiente ninguém.)

When a man says money can do anything, it's a sure sign he hasn't got any.
(Quando um homem diz que o dinheiro pode tudo, é sinal de que ele não tem nenhum.)

When you look for money, all you get is sympathy.
(Quando você busca dinheiro, tudo que consegue é solidariedade.)

A man without money is a bow withou an arrow.
(Um homem sem dinheiro é um arco sem flecha.)

A man without money is no man at all.
(Um homem sem dinheiro não é homem.)

An empty purse fills the face with wrinkles.
(Uma bolsa vazia enche o rosto de rugas.)

Health without money is half an ague.
(Saúde sem dinheiro é quase uma febre.)

A light purse makes a heavy heart.
(Uma bolsa leve faz o coração pesado.)

Want of money, want of comfort.
(Falta de dinheiro, falta de conforto.)

Losing comes from winning money.
(A perda acontece quando se ganha dinheiro.)

When you ain't got any money, well, you needn't come around.
(Quando você não tem dinheiro, bem... não precisa aparecer.)

Money is often lost for want of money.
(Perde-se dinheiro por falta de dinheiro.)

FALTA DE VALOR DO DINHEIRO

Fortune lost, nothing lost; courage lost, much lost; honor lost, more lost; soul lost, all lost.
(Fortuna perdida, nada perdido; coragem perdida, muito perdido; honra perdida, muito mais perdido; alma pedida, tudo perdido.)

Money can't buy hapiness.
(Dinheiro não compra felicidade.)

Money isn't worth a thing, except to use in buying something.
(O dinheiro não vale nada, a não ser para comprar alguma coisa.)

Money has little value to its possessor unless it has value to others.
(O dinheiro tem pouco valor para o seu dono, a não ser que tenha valor para os outros.)

Money isn't everything in life.
(O dinheiro não é tudo na vida.)

He who loses money loses much; he who loses a friend loses more; he who loses courage loses all.
(Quem perde dinheiro perde muito; quem perde um amigo perde mais; quem perde a coragem perde tudo.)

Money does not make the character.
(Dinheiro não faz o caráter.)

Money helps some people, but love does more.
(O dinheiro ajuda algumas pessoas, mas o amor ajuda muito mais.)

The love of money and the love of learning rarely meet.
(O amor pelo dinheiro e o amor pelo saber raramente se encontram.)

The treasures that are kept on coffers are not real, but only those which are kept in the soul.
(Os tesouros guardados no cofre não são reais, somente o são aqueles guardados na alma.)

He that is of the opinion money will do everything may well be suspect of doing everything for money.
(Quem acha que o dinheiro pode fazer tudo é suspeito de fazer tudo por dinheiro.)

In the hum of the market there is money, but under a cherry tree there is rest.
(No burburinho do mercado há dinheiro, mas sob a cerejeira há descanso.)

INUTILIDADE DO DINHEIRO

Money isn't everything in life.
(Dinheiro não é tudo na vida.)

Money helps some people, but love does more.
(O dinheiro ajuda algumas pessoas, mas o amor faz mais.)

Money has little value to its possessor unless it has value to others.
(O dinheiro tem pouco valor para seu dono, a menos que tenha valor para os outros.)

Money isn't worth a thing except to use in buying something.
(O dinheiro não vale nada a não ser para comprar alguma coisa.)

Money cannot buy happiness.
(O dinheiro não compra felicidade. / O dinheiro não traz felicidade.)

Money doesn't make character.
(O dinheiro não faz o caráter.)

Money doesn't make the man.
(O dinheiro não faz o homem.)

In the hum of the market there is money, but under the cherry tree there is rest.
(No zunido do mercado há dinheiro, mas o descanso está sob a cerejeira.)

He who loses money loses much; he who loses a friend loses more; he who loses courage loses all.
(Quem perde dinheiro perde muito; quem perde um amigo perde mais; mas quem perde a coragem perde tudo.)

Fortune lost, nothing lost; courage lost, much lost; honor lost, more lost; soul lost, all lost.
(Fortuna perdida, nada perdido; muito perdido; honra perdida, muito mais perdido; alma perdida, tudo perdido.)

The treasures that are kept in coffers are not real; but only those which are kept in the soul.
(Os tesouros guardados em cofres não são reais; somente o são aqueles guardados na alma.)

INVESTIMENTO

Put not your trust in money but your money in trust.
(Não ponha confiança no seu dinheiro, mas ponha seu dinheiro em confiança.)

Don't spend all your money in one place.
(Não gaste todo seu dinheiro num lugar só.)

Don't throw good money after bad.
(Não ponha dinheiro bom em cima de dinheiro ruim.)

Money is better spent than spared.
(Dinheiro é melhor gasto do que guardado.)

Money os like manure: it's only good when spead.
(Dinheiro é como esterco, só é bom quando espalhado.)

Bad money drives out good.
(Dinheiro ruim expulsa o bom.)

Bad money always comes back.
(Dinheiro ruim sempre volta.)

Nothing like a little money in the sock to give you self-confidence.
(Nada como um pé de meia para dar autoconfiança.)

MALDADE DO DINHEIRO

Money burns a hole in the pocket.
(O dinheiro queima um buraco no bolso. / Dinheiro não pára no bolso.)

Money is a good servant, but a dangerous master.
(O dinheiro é um bom criado, mas um patrão perigoso.)

Muck and money go together.
(Sujeira e dinheiro andam juntos.)

Money reaches its highest value when we have none.
(O dinheiro atinge seu valor máximo quando não temos nenhum.)

He that cannot pray, let him pray.
(Quem não pode pagar, que reze.)

Money and man a mutual friendship show: man makes false money, money makes false man.
(O homem e o dinheiro exibem amizade mútua: O homem faz dinheiro falso e o dinheiro faz o homem falso.)

Much money makes a country poor, for it sets a dearer price on everything.
(O dinheiro em demasia empobrece um país, pois encarece todas as coisas.)

When money speaks, truth keeps its mouth shut.
Quando o dinheiro fala a verdade cala.

Where there is muck there is brass.
(Onde tem sujeira tem grana.)

The love of money and the love of learning rarely meet.
(O amor pelo dinheiro e o amor pelo saber raramente se encontram.)

It's a good thing to have money and have things money can buy, but it is a good thing to check up and make sure you haven't lost the thing money can buy.
(É bom ter dinheiro e ter as coisas que o dinheiro pode comprar, mas é bom verificarse você não perdeu as coisas que o dinheiro pode comprar.)

Money is a bottomless sea in which honor, conscience, and truth may be drowned.
(O dinheiro é um mar sem fundo, onde a honra, a consciência e a verdade podem se afogar.)

Physician's faults are covered with earth, and rich man's with money.
(Os erros do médico se cobrem com terra, os do homem rico, com dinheiro.)

When we have gold we are in fear; when we have none we are in danger.
(Quando temos dinheiro temos medo, quando não temos corremos perigo.)

He that is of the opinion that money will do everything may well be suspected of doing everything for money.
(Aquele que acha que o dinheiro faz tudo pode muito bem ser suspeito de fazer tudo por dinheiro.)

PERDAS

Money is round and rolls away.
(O dinheiro é redondo e se vai rolando.)

Money, like promises, is easier made than kept.
(O dinheiro é como promessa: fácil de fazer, difícil de manter.)

Money lost is never gained.
(Dinheiro pedido nunca é ganho.)

It's a good thing to have money and have things money can buy, but it si a good thing to check up and make sure you haven't lost the things that money can buy.
(É bom ter dinheiro e ter as coisas que o dinheiro pode comprar, mas é bom verificar se você não perdeu as coisas que o dinheiro pode comprar.)

Losing comes from winning money.
(A perda vem de ganhar dinheiro.)

Money burns a hole in the pocket.
(O dinheiro faz um buraco no bolso.)

Money is often lost for want of money.
(Muitas vezes perde-se dinheiro por falta de dinheiro. / Para ganhar dinheiro é preciso ter dinheiro.)

He that spends money before he gets it will be a short while master of it.
(Quem gasta dinheiro antes de ganhá-lo será senhor dele por pouco tempo.)

Money may talk, but have you noticed how hard of hearing it is when you call it?
(O dinheiro pode falar, mas você percebeu como é surdo quando você o chama?)

Ready money will away.
(Dinheiro na hora vai embora.)

Money refused loses its brightness.
(Dinheiro negado perde o brilho.)

UTILIDADE E PODER DO DINHEIRO

He that has money has what he wants.
(Quem tem dinheiro tem o que quer.)

Money begets money.
(Dinheiro gera dinheiro. / Dinheiro chama dinheiro.)

Money breeds money.
(Dinheiro gera dinheiro. / Dinheiro faz dinheiro.)

All money is clean, even when it is dirty.
(Todo dinheiro é limpo, mesmo quando é sujo. / Dinheiro nunca é sujo.)

Gold is an orator.
(O ouro é um orador. / O dinheiro fala.)

Love does much, money does everything.
(O amor faz muito, o dinheiro faz tudo.)

Money answers all things.
(O dinheiro resolve tudo. / Com dinheiro se consegue tudo.)

Money does not get dirty.
(O dinheiro não fica sujo. / Dinheiro é sempre limpo.)

Money governs the world.
(O dinheiro governa o mundo.)

Money greases the axle.
(O dinheiro engraxa o eixo.)

Money greases the machine in the long run.
(O dinheiro engraxa a máquina a longo prazo.)

Money is the ace of trumps.
(Dinheiro é o ás de trunfos.)

Money in the purse will always be in fashion.
(Dinheiro na bolsa está sempre na moda.)

Money is power.
(Dinheiro é poder.)

Money is a universal language speaking any tongue.
(O dinheiro é uma linguagem universal e se expressa em qualquer idioma.)

Money makes the ball roll.
(O dinheiro faz a bola rodar. / O dinheiro faz o mundo girar.)

Money makes the man.
(O dinheiro faz o homem.)

Money makes the mare go.
(O dinheiro faz a égua andar.)

Money makes marriage.
(O dinheiro faz o casamento.)

Money makes the pot boil.
(O dinheiro faz a panela ferver.)

Money mars and money makes.
(O dinheiro estraga e o dinheiro faz. / O dinheiro faz e desfaz.)

Money recomends a man everywhere.
(O dinheiro recomenda o homem em toda parte.)

Money runs the world.
(O dinheiro governa o mundo.)

Money talks.
(O dinheiro fala.)

Nothing but money is sweeter than honey.
(Só o dinheiro é mais doce que o mel.)

Nothing like a little money in the sock to give you self-confidence.
(Nada como um pé-de-meia para lhe dar autoconfiança.)

Ready money is ready medicine.
(Dinheiro na hora é remédio na hora.)

When money speaks the world is silent.
(Quando o dinheiro fala o mundo cala.)

Who puts up the money does the talking.
(Quem entra com o dinheiro tem a palavra.)

A rich man's spots are covered with money.
(As manchas dos ricos se cobrem com dinheiro.)

You may speak with your gold, and make other tongues dumb.
(Você pode falar com o seu dinheiro e emudecer as outras línguas.)

VALOR DO DINHEIRO

The value of money lies in what we do with it.
(O valor do dinheiro reside no que fazemos com ele.)

Put the poor man's penny and the rich man's penny is a purse and they will come out alike.
(Coloque o tostão do pobre e o tostão do rico numa bolsa e eles sairão dela iguais.)

One never gets more than one's money worth of anything.
(Nunca obtemos mais do que nosso dinheiro vale.)

EM LÍNGUA PORTUGUESA

COBIÇA

Quanto mais se tem mais se quer.

COMO USAR O DINHEIRO

O dinheiro do avarento duas vezes vai à feira.
Não te faças de pobre a quem não te há de fazer rico.
Não dá quem tem, senão quem quer bem.
Tratar dinheiro, dar preceito.
Dinheiro é sangue e sangue não se dá.
O dinheiro é redondo para correr mais depressa.

CUIDADOS COM O DINHEIRO

Com teu amigo e teu inimigo o dinheiro no bolsinho.
Contas feitas, dinheiro na algibeira.
Dinheiro de padre e brasileiro não chega a terceiro.
É de temer a fortuna onde falta a prudência.
Ao rico não devas e ao pobre não prometas.

DIFICULDADE DE OBTER DINHEIRO

O dinheiro é bom de gastar e mau de ganhar.
O dinheiro chega como terra escavada com agulha e sai como areia levada pela água.
Dinheiro não dá em árvore.

DINHEIRO E CORRUPÇÃO

O dinheiro cala a verdade.
O dinheiro deve ser como o azeite: por onde passar, untar.

DINHEIRO GANHO

Dinheiro mal ganhado, água o deu, água o levou.
Dinheiro custa ganhar.

DINHEIRO GASTO

Dinheiro, assim como veio, assim vai.
O dinheiro é bom de gastar e mau de ganhar.
O dinheiro tem asas.

DINHEIRO PROPORCIONA ALEGRIA

Bolsa cheia, coração alegre.

Bolsa sem dinheiro é o mesmo que torcida sem candeeiro.
Rico ri à toa.

ECONOMIA

Dinheiro guardado dura muito tempo.
Dinheiro é sangue e não se dá.
Dinheiro espalhado é mais difícil de ajuntar do que égua de lote arribar.
Dinheiro de sacristão cantando vem, cantando vai.
Esperdício de rico é economia de pobre.
Guarda o teu dinheiro para o mau tempo.
Mais vale bom guardador que bom ganhador.
Vintém poupado, vintém ganho.
Quando a fome bate à porta, o amor sai pela janela.
A pouco dinheiro, pouca saúde.
Amor sem vintém não governa ninguém.

EMPRÉSTIMO DE DINHEIRO

De quem não tem calçado no inverno, não fies o teu dinheiro.
Dinheiro emprestado, mal parado.
Dinheiro emprestado, dinheiro arriscado.
Dinheiro emprestado parte rindo e volta chorando.
Dinheiro emprestaste, inimigo ganhaste.
Meu dinheiro é manso, não o quero fazer bravo (emprestando-o).
Quem empresta dinheiro perde o amigo e o dinheiro.

FALTA DE DINHEIRO

Amor sem vintém não governa ninguém.
A pouco dinheiro, pouca saúde.
Amor sem dinheiro não é bom companheiro.
Dinheiro no meu bolso é manga de colete.
Quando a fome bate à porta, o amor sai pela janela.
Quem não nascer com fortuna não queira bem a ninguém.
Quem não tem dinheiro não precisa de bolsa.

FALTA DE VALOR DO DINHEIRO

O dinheiro não mata a fome.
O dinheiro não traz a felicidade.
Mais vale a saúde que o dinheiro.
Mais vale um gosto que quatro vinténs.
Riqueza a valer é saúde e saber.

INVESTIMENTO

Dinheiro amuado, barco de carreira parado.
Dinheiro em fundo de baú é que nem mijo de "oveia". Não serve, nem arremedeia.
Dinheiro parado não dá juros.
Dinheiro espalhado é mais difícil de juntar do que égua de lote arribar.
A pouco dinheiro, pouca saúde.
Amor sem dinheiro não é bom companheiro.

PODER DO DINHEIRO

Dinheiro chama dinheiro.
Dinheiro faz o mar chão.
Dinheiro faz dinheiro.
Ganha dinheiro quem tem dinheiro.
Ladrão endinheirado nunca morre enforcado.
O melhor amigo é o dinheiro.
Muito dinheiro fará teu filho cavaleiro.
A quem tem dinheiro não falta companheiro.
Ao rico mil amigos se deparam, ao pobre seus irmãos o desamparam.
Sem dinheiro nada se alcança.
Sobre dinheiro não há companheiro.
O dinheiro fala.
O dinheiro abre todas as portas.

VALOR DO DINHEIRO

Dize-me quanto tens e dir-te-ei quanto vales.
Quanto tens tanto vales, nada tens, nada vales.
Quem não tem dinheiro não beija santo.
Dinheiro, caminho e reza nunca se desprezam.

Só voga quem tem dinheiro.
A vida é morte ou dinheiro.
Quem é rico tem amigos.
Quando dinheiro fala, tudo cala.
Deve-se tomar do dinheiro por aquilo que ele vale.
O dinheiro compra pão, mas não compra gratidão.
Dinheiro não tem cheiro.
Entre homem e dinheiro, o segundo é o primeiro.
Filhos e dinheiro nunca sobejam.
Tempo é dinheiro.
A rico sobejam-lhe amigos.
Com dinheiro à vista, toda gente é benquista.
Com dinheiro, língua e latim vai-se do mundo até o fim.
Com dinheiro na mão, em toda parte há função.
Dinheiro de contado ganha soldado.
O dinheiro é a medida de todas as coisas.
Grande bem me quer minha mulher, se da banda do punhal há dinheiro para lhe dar.

Posfácio

Esta coletânea de provérbios faz parte das pesquisas do GPP (Grupo de Pesquisa em Paremiologia). O GPP foi fundado por iniciativa da Profa. Anna Sanchez, que sempre foi o seu membro mais entusiasta. Além das atividades costumeiras de pesquisa bibliográfica especializada e coleta de dados, que levaram à confecção de teses de três de seus membros, e apresentação de trabalhos em congressos e seminários, o GPP fez um levantamento de provérbios que têm por tema a mulher, a morte e o dinheiro. Tal escolha se deu pelo fato de esses três temas serem muito recorrentes na linguagem proverbial e não haver nenhum estudo comparativo de sua ocorrência nas línguas em questão – alemão, espanhol, francês, inglês e português.

Eu já tinha um livro publicado – *1001 Provérbios em Contraste*; Anna Sanchez fez seu doutoramento sobre os provérbios presentes no *Dom Quixote*, de Cervantes; Regina Rocha fez seu doutoramento sobre a enunciação dos provérbios em Francês e Português; Eva Glenk doutorou-se com *Die Funktion der Sprichwörter im Text*. Esse pequeno grupo – do qual fez parte inicialmente também Sidney Camargo, que doutorou-se em Fonologia Contrastiva Alemão–Português e, posteriormente, se dedicou à fraseologia – deleitou-se com a dor de cotovelo dos homens nos provérbios sobre a mulher.

Os provérbios sobre a morte tiveram sua inspiração nos *Anais* de um Seminário na Universidade de São Paulo sobre o tema "A Morte e os Mortos na Sociedade Brasileira". Nesse encontro, o enfoque foi étnico, isto é, de como os vários povos que aqui se fixaram encaram a morte, quais reações ela provoca nas pessoas e qual o comportamento delas diante do fato inescapável. Não houve, porém, nenhum trabalho sobre expressões lingüísticas referentes à morte, sobre a maneira como os diferentes povos a ela se referem. Em colaboração com o professor Sidney Camargo, realizei então duas pesquisas sobre expressões idiomáticas que têm a morte como tema, trabalhos esses apresentados em simpósio na George Mason University, em Fairfax, Estados Unidos, e também em congresso da Anpoll, aqui em São Paulo. Neles inspirou-se

Maria do Amparo Barbosa de Azevedo para o seu doutoramento, com a tese *O Tema é de Morte.*

O dinheiro veio por associação com os outros dois temas, pois, como já apontei na "Introdução" ao tema, a sua idéia está sempre presente em assuntos de mulher e de morte. Com a mulher, pela sua suposta ganância, desperdício, cobiça e, com a morte, pelos mesmos motivos.

M.S.

ÍNDICE DE TEMAS POR IDIOMA

EM LÍNGUA ALEMÃ

MULHER

MORTE

DINHEIRO

EM LÍNGUA ESPANHOLA

MULHER

MORTE

DINHEIRO

EM LÍNGUA FRANCESA

MULHER

MORTE

DINHEIRO

EM LÍNGUA INGLESA

MULHER

MORTE

DINHEIRO

Sobre as autoras

MARTHA STEINBERG é professora titular de Língua Inglesa da Universidade de São Paulo (USP), aposentada, ex-bolsista Fullbright e Pan American Union, bolsas que lhe proporcionaram dois anos de estudos na Universidade de Michigan, onde também fez o seu mestrado. Prosseguiu sua carreira acadêmica na USP, com doutorado (*Dialetos nas Peças de O'Neill*), livre-docência (*Elementos Não-verbais da Conversação*), adjunção e titulação. Dentre outras atividades na USP, coordenou o curso de tradução de inglês.

Na mesma linha de material para alunos de tradução, bem como interessados no aprendizado da língua inglesa, publicou diversos livros, entre eles *Dicionário de Expressões Metafóricas Inglês x Português* e *Dicionário de Expressões Metafóricas Português x Inglês* (ambos em colaboração com Sidney Camargo).

Pela Disal Editora, publicou os livros *Inglês Americano x Inglês Britânico* (2003) e *Idioms* (série "Easy Way"; 2004).

EVA GLENCK é docente da área de Língua e Literatura Alemã da Faculdade de Filosofia, Letras e Ciências Humanas da Universidade de São Paulo (FFLCH – USP). Defendeu sua tese de doutorado sobre a *Função dos Provérbios no Texto* (*Die Funktion der Sprichwörter im Text*) nessa universidade, trabalho posteriormente publicado na Áustria em 2000.

Atua como orientadora e pesquisadora nas áreas da Fraseologia e da Lingüística Contrastiva Alemão–Português.

ANNA SANCHEZ é professora de Língua Portuguesa, Língua Espanhola e Tradução Comentada do Espanhol na Faculdade Ibero-Americana de Letras e Ciências Humanas de São Paulo (Centro Unibero). Aposentou-se como professora de Língua Espanhola pela Faculdade de Filosofia, Letras e Ciências Humanas da Universidade de São Paulo (FFLCH – USP) em agosto de 1989. Foi contemplada com três bolsas de estudo por instituições culturais da Espanha para realizar pesquisas no campo da Paremiologia.

Mestre e doutora em Letras pela FFLCH da USP, publicou os trabalhos *Os Refrãos no Discurso de Sancho Pança: um Estudo Semântico* (mestrado), *Um Vocabulário Ideológico de Refrãos no "Quixote"* (doutorado) e *Bibliografia Paremiológica Comentada (Sin Juicios de Valor)* (pós-doutorado).

REGINA ROCHA (1949-2001) cursou a Universidade de São Paulo (USP), onde graduou-se em Letras (Português e Francês), tendo sido bolsista da Aliança Francesa em Besançon (França). Posteriormente, alcançou os títulos de mestre e doutora em Letras, este último com a tese *O Funcionamento dos Provérbios: Aspectos Enunciativos em Francês e Português*, em 1993.

Este livro foi composto nas fontes Celeste e Bliss
e impresso em julho de 2005 pela Prol Editora Gráfica Ltda.,
sobre Offset 90g/m².